LA VIRGEN DE LOURDES, 3°C

Juan José Isac

LA VIRGEN DE LOURDES, 3°C
Guion cinematográfico

© Obra: LA VIRGEN DE LOURDES, 3°C

Primera edición: Mayo, 2024

© Autor: JUAN JOSÉ ISAC

ISBN: 978-84-10040-54-0
Depósito Legal: M-13238-2024

© Editado por LIBER FACTORY www.liberfactory.com

Gestión, promoción y distribución: Grupo Editor Vision Net S.L.
C./ San Ildefonso 17, local, 28012 Madrid. España.
Tlf: 0034 91 3117696 // Email: pedidos@visionnet.es
www.visionnet-libros.com

Disponible en librerías físicas y online.

ÍNDICE

LA VIRGEN DE LOURDES, 3°C

Comedia romántica(Guion)

Sinopsis de LA VIRGEN DE LOURDES:

A Lourdes, una chica impulsiva y algo alocada, se le aparece la Virgen durante una noche de borrachera con la misión de ayudarle a divulgar un trascendental mensaje. Pero Lourdes viene de una ruptura sentimental y todos sus afanes están volcados en encontrar un nuevo chico al que querer, por lo que la misión de la Virgen le viene ahora un poco mal y declina amablemente la oferta, proponiendo en su lugar una terna de amigas que pueden a su juicio divulgar el mensaje perfectamente. Lo malo es que Lourdes liga con un chico maravilloso pero sumamente religioso y piadoso que no acaba de decidirse por Lourdes, por lo que ella intenta ahora reengancharse en la misión para hacer méritos con el chico y que vea que ella tiene hilo directo con la Virgen. Lo malo es que María, la amiga de Lourdes a quien la Virgen ha acabado encomendando lo del mensaje por sugerencia de Lourdes, se ha empoderado y no está por la labor de ceder la encomienda así como así...

ESCENA 1
EXT. AEROPUERTO DE BARAJAS – DÍA

Aeropuerto de Barajas. Amplia visión de la zona de despegues. Los aviones ruedan lentos sobre la pista, alguno se dirige a la puerta de atraque, otro se encamina hacia la pista de despegue...

De fondo suena una canción alegre, como "Un rayo de sol", versión instrumental, que se mantiene durante las tres escenas siguientes.

En la puerta de embarque, la gente hace cola preparada para entrar en el avión.

LOURDES (25) y su chico se cogen de la mano, ilusionados y sonrientes. El chico hace una carantoña a Lourdes, ella responde con un beso. El chico prolonga el beso, que se convierte en un abrazo apasionado.

La cola se mueve, el resto del pasaje avanza y pasa delante de ellos, enfrascados como están en el beso, ajenos a que la gente les sobrepasa y les mira sonrientes.

Ya han pasado todos los pasajeros, menos ellos. La azafata sale de su atril para interrumpir su inacabable

abrazo y avisarles que ya toca
embarcar.

ESCENA 2
EXT. PISTA DE DESPEGUE - DÍA

Día espléndido. En la pista de
despegue, el avión gana velocidad,
las ruedas se elevan sobre el asfalto
y comienza el vuelo.

ESCENA 3
EXT. PISTA DE ATERRIZAJE - NOCHE

Aeropuerto de Barajas. Noche cerrada.
En la pista de aterrizaje el avión
desciende y toma tierra. Importante
que se vea que el aeropuerto es
también el de Barajas.

ESCENA 4
INT. CINTA DE MALETAS - NOCHE

La gente se arremolina en torno a la
cinta, donde empiezan a salir las
maletas.

Lourdes, con cara de muy mala hostia,
espera cruzada de brazos al borde de
la cinta.

Unos metros atrás, el chico con el que
se besaba espera también al borde de
la cinta, con la misma cara de mala
leche.

Lourdes coge una maleta. El chico se acerca con las manos extendidas para recibirla.

Pero Lourdes tira la maleta de mala manera al interior de la cinta. Allí en el suelo, la maleta se abre con el golpe. El chico contempla estupefacto el desaguisado. Busca la manera de saltar la cinta y recuperarla.

Lourdes coge su maleta de la cinta. Sin esperar al chico, se dirige a la salida, avanzando hacia la cámara.

Cuando la cara de mala leche de Lourdes ya es un primer plano:

LOURDES
La Virgen. Qué tío más
insufrible...

La imagen de la mala leche de Lourdes se congela.

En pantalla aparece el título de la película:

LA VIRGEN DE LOURDES

Sigue sonando Un rayo de sol, de los Diablos.

ESCENA 5
INT. DISCOTECA BULLICIOSA - NOCHE

Discoteca bulliciosa, pista de baile repleta de gente, torbellino de luces, música a todo volumen. El DJ oficia en su mesa de mezclas, mueve la cabeza al compás de la música y levanta los brazos para animar a las masas a moverse al son del frenético ritmo.

Lourdes baila desenfrenada. Ojos cerrados, brazos en alto, está completamente entregada. Desinhibida y despendolada, por momentos gira como un derviche.

Agotada, Lourdes abandona la pista de baile. Se abre paso entre la gente.

Gana la mesa y se derrumba en la silla. Bebe con pajita de un vaso largo. En la mesa, Lourdes es observada por tres chicas que forman un peculiar y asimétrico trío de de amigas de su misma edad: MARÍA es grandona y con aspecto de buenaza. CHUS por el contrario es pequeña, robusta y con aspecto de retaco. Finalmente CHARO es de estatura normal, similar a la de Lourdes pero sumamente delgada, seria, aspecto frágil, parece que va a romperse al menor descuido.

CHUS
Eso es, Lourdes, muy bien
bailao. A rey muerto, rey
puesto.

CHARO
Un clavo saca otro clavo.

LOURDES
(Cara de vinagre)
¿De qué clavo ni qué rey
habláis? Estoy bailando
sola de putísima madre, sin
moscones.

MARÍA
Eso es. Venga, que ahora nos
toca a nosotras. Al lío.

Las tres chicas chicas se levantan y
avanzan alineadas hacia la pista. Su
asimétrica conformación llamaría la
atención si no hubiera tanta gente.
Lourdes las mira desfilar.

LOURDES
(Guasona)
Eso es. Las tres gracias a
comerse la pista.

MARÍA
Vigílanos la bebida, que aquí
hay mucho espabilado...

LOURDES
No os preocupéis. Al que

amague acercarse le corto la
mano.

Lourdes, nada más irse sus amigas,
coge el vaso de una de ellas y lo
apura hasta acabarlo. Luego coge otro
vaso, el más alejado de la mesa, lo
levanta y ve que está casi vacío, pero
igualmente se lo bebe de un trago.
Finalmente coge el tercer vaso, tira
la pajita, y no se lo bebe sino que
lo mantiene en la mano, mirando con
despreocupación hacia la pista.

(acaban de prohibir las pajitas
¿modificar?)

ESCENA 6
EXT. CALLE - NOCHE

Lourdes, tambaleándose ligeramente,
sale de la discoteca, que aun atruena
desde fuera. Cruza la calle y se mete
en un pequeño parque contiguo.

Allí, rodeada de árboles, se detiene
y se inclina, poniendo las manos
en las rodillas, como si estuviera
extenuada.

Hace amago de vomitar. Todavía no
sale nada.

Se pone de rodillas y ahora sí
vomita.

LOURDES
Qué barbaridad...

De rodillas todavía, se limpia con las manos las comisuras de los labios. Se mira las manos buscando trazas de vomitona, que de este modo quedan juntas, como si rezara.

VOZ
Lourdes...

Lourdes, de rodillas, con las manos juntas, escucha su nombre. Asombrada, mira a un lado y a otro. No ve a nadie.

VOZ
Lourdes...

Lourdes se vuelve de nuevo.

LOURDES
(Asombrada)
Pero, bueno. Yo alucino...

VOZ
Lourdes. No te asustes. Soy María.

Ahora sí, un deslumbrante haz de luz ilumina de frente el rostro de Lourdes, que todavía de rodillas y con las manos juntas se queda boquiabierta ante la luz cegadora.

LOURDES
¿María? ¿Eres tú? ¿Dónde coño
estás que no te veo...?

En ese preciso momento, suena el
móvil de Lourdes, que se ilumina en
la oscuridad. Al mismo tiempo, la luz
frontal desaparece.

Lourdes coge el móvil. En la
pantalla, ve que la llamada es de
María.

LOURDES
¿María? ¿Dónde estás? ¿A qué
coño estás jugando?

MARÍA
¿Dónde estás tú? ¿Y a qué
estás jugando tú, que se han
pimplado todas las bebidas?

LOURDES
No te preocupes. He sido yo.
Pero me encuentro fatal.
Estoy fuera, potando. Todo me
da vueltas.

MARÍA
Me alegro, por
desconsiderada, por dejar a
tus amigas sin la priva.

LOURDES
Venid a buscarme. Estoy en el
parque de enfrente, donde los

árboles. Y me ha pasado una
cosa de alucine.

MARÍA
No tendríamos que ir.
Porque en el delito está la
penitencia. Pero vamos a
hacerlo porque ahora mismo
eres una persona desvalida y
nosotras siempre ayudamos al
desvalido. Porque nosotras
sí que somos unas buenas
personas.

LOURDES
Y cursis. Venga, tía, que
estoy echando el bofe.

ESCENA 7
INT. HABITACIÓN - LUZ DE MAÑANA

Lourdes está tumbada en la cama,
vestida. Las sábanas solo cubren
medio cuerpo. La cama está desecha.
Ha dado muchas vueltas.

Un rayo de luz ilumina su cara.
Lourdes guiña los ojos, pone la mano
para tapar la luz. Mete la cabeza
debajo de la almohada.

VOZ
Lourdes....

Lourdes saca la cabeza de la almohada. Alarmada, se queda inmóvil, los ojos muy abiertos.

LOURDES
(Susurrando)
¿Pero qué cojones...?

VOZ
Lourdes, no tengas miedo. Soy María.

Una luz frontal le ilumina la cara. No es la luz de la ventana. Proviene de una imagen que se ha formado frente a ella, sobre el armario. Una mujer joven, de facciones serenas y agradables, cubierta con velo blanco y túnica azul, siempre sonriente y amable. Su voz es suave, pausada, no se aleja en absoluto del tópico.

LOURDES
Tú no eres María...

VOZ
Sí, Lourdes, soy María.

LOURDES
Joder. Yo alucino...

VOZ
Y he venido para hablar contigo.

Lourdes, deslumbrada por la luz, guiñando mucho los ojos, se asoma a

la mesilla y consulta su móvil. Lo
deja. Se cubre con la mano a modo de
visera para tapar la luz.

LOURDES
¿Eres... una aparición?

IMAGEN
Hoy es un día gozoso para ti,
Lourdes, porque he venido
para confiarte una maravillosa
revelación.

LOURDES
Espera un momento. Yo no
soy... es decir... tú no
eres...

IMAGEN
Yo soy María.

LOURDES
Ya. Es que tengo una amiga
que también...

De pronto, Lourdes se incorpora y
se arrastra al borde de la cama, el
tiempo justo para asomar la cabeza y
soltar en el suelo otra vomitona.

LOURDES
Joder, qué resaca.

Mirando fijamente a la aparición. No
acaba de estar convencida.

MARÍA
No te preocupes, Lourdes.
Ayer me recibiste de
rodillas, pero yo no necesito
reverencias.

LOURDES
No, si era porque yo ayer
estaba...

MARÍA
No has de tener ningún miedo.
He venido para ser tu amiga.

LOURDES
¿Mi amiga?

MARÍA
Y para hacerte una
maravillosa revelación.

LOURDES
Yo... Escucha... tú eres... o
sea, tú eres la Virgen María
¿no?

MARÍA
Yo soy María. Y soy tu amiga.

LOURDES
Ya. Es que... verás...
yo... en fin...yo no soy muy
religiosa... entonces... no
entiendo...

De repente abre mucho los ojos.
Vuelve a asomarse con urgencia al

borde de la cama para vomitar. Falsa
alarma.

                    LOURDES
          Me encuentro fatal. Y no sé
          si estoy alucinando. Pero
          ahora mismo estoy fatal.

                    MARÍA
          No te preocupes, Lourdes.
          Descansa. Luego nos vemos.
          Ahora duerme...duerme...

ESCENA 8
INT. HABITACIÓN - LUZ DE MAÑANA

Lourdes está tumbada bocarriba en
su cama. La luz, esta vez de la
ventana, le da en la cara y frunce el
entrecejo.

Suena su móvil, que tiene al lado en
la mesita. Extiende la mano, palpa la
mesita, coge el móvil.

                    MARÍA
          Lourdes. ¿Cómo estás? Ayer
          no nos dejaste quitarte la
          ropa y te liaste a bofetadas,
          sobre todo con Charo, así
          que has dormido con la ropa
          puesta. A Charo le has puesto
          un ojo morado...

LOURDES

María, escucha. Ayer, cuando
me trajisteis...¿Yo dije algo
de la Virgen?

MARÍA

¿De la Virgen? Pues claro. Tú
siempre tienes esa palabra en
la boca. Hasta que un día vas
a molestar de verdad a Dios y
te va a...

LOURDES

No. Digo algo especial,
diferente. Como que la
virgen...

MARÍA

No, especial no. A chus la
vomitaste en los zapatos. Y
al taxista que nos trajo le
insultaste a base de bien, no
sé por qué la tomaste con él,
porque el tío era bien majo,
pero...

LOURDES

Tengo que dejar de beber.
Sobre todo de cambiar a
chupitos. Creo que he cogido
el delirius tremens.

MARÍA

Lo que tienes que dejar es que
te quitemos la ropa cuando la

coges y no liarte a guantazos
con nosotras, que no es la
primera. Bueno, te dejo que
comienzo la clase con las
embarazadas. Solo te llamaba
para ver cómo estabas...

LOURDES
Pues cómo voy a estar.
Jodida. Qué resaca. La
virgen.

Lourdes se incorpora y se queda
sentada en la cama. Se toca la
cabeza. Malestar general. Se levanta
con esfuerzo y se dirige al baño.
Abre la puerta

LOURDES
¡¡Joder!!

Lourdes, del susto, recula y cae
hacia atrás.

La Virgen, dentro de la bañera, con
el velo y la túnica pero remangada
hasta la mitad del codo, con guantes
de fregar, está pasando el cepillo a
un lateral de la bañera, frotando con
energía.

Cuando ve a Lourdes, sonríe.

VIRGEN
Hola, Lourdes. ¿Ya te
encuentras mejor?

LOURDES
(Aterrorizada)
Pero tú... pero tú...

VIRGEN
He aprovechado mientras
dormías para limpiar un
poco esto. Estaba lleno de
impurezas...pero mira, mira
ahora, qué inmaculado.

LOURDES
¿Tú puedes hacer...eso?

VIRGEN
Claro. Y además con esto
(señala el pato-detergente)
es muy fácil.

LOURDES
No. Me refiero a... a eso,
a... hacerte real.

VIRGEN
Corporeizar.

LOURDES
Lo que sea.

VIRGEN
He pensado que así te sería
más fácil. Lourdes, no he
venido a hablar de lo que
puedo hacer yo, sino de lo
que puedes hacer tú. Con tus
semejantes y con el mundo.

LOURDES
Jóder, qué susto me has dado.

VIRGEN
¿Prefieres que me presente
como antes, incorpórea?

LOURDES
Sí, sí. Etérea. Con las luces
y todo eso. Pero lejos.

VIRGEN
Como quieras. Pero ya que
estoy, antes voy a acabar
esto.
(Coge el Pato-detergente)
Oye, es milagroso.
(Lourdes asiente con asombro)
Es broma. Cuando me
corporeizo me gusta gastar
bromas.

Lourdes asiente. Sale y cierra la
puerta. Se queda estupefacta.

No obstante su perplejidad, acerca la
cara a la puerta.

LOURDES
Por favor, sal pronto.
Necesito entrar.

ESCENA 9
INT. SALÓN - DÍA

Lourdes está comiendo en el saloncito. Tiene un bote de cerveza abierto y con el tenedor pincha directamente de una lata de sardinas. Por toda servilleta, un paño de cocina. No hay más cosas en la mesa.

Lourdes mastica despacio. Está alerta, expectante, como un animal atisbando el peligro. Mira a un lado y a otro. A veces deja de masticar, alertada por algún sonido.

Otro crujido. Lourdes se levanta y se dirige al baño. Abre la puerta con precaución. La bañera y el lavabo refulgen con un brillo esplendoroso, exagerado. Pero no hay nadie.

Se sienta y sigue comiendo, pinchando sardinas de la lata. Mira con desconfianza a un lado y a otro.

Llaman a la puerta. Lourdes se levanta y abre.

En la puerta, Chus, pequeña y regordeta, vestida con el azul uniforme de vigilante de la ORA. Tiene un ojo morado.

                    CHUS
        ¿Puedo pasar? ¿O vas a seguir
              a bofetadas?

                    LOURDES
               (Sin contemplaciones)

Chus. Pasa. Ven. Quiero enseñarte
algo.

Lourdes coge de la mano a Chus y la
arrastra hacia el cuarto de año. Abre
y enciende la luz.

                    LOURDES
               ¿Tú esto lo ves normal?

Muestra el cuarto de baño, que
refulge de manera exagerada. Puntos
de luz en la loza, como en los
anuncios.

                     CHUS
            Pues no. Para nada es normal
             esto. Está limpio. Ah, un
                    momento...
            (CHUS sonríe maliciosamente)
               Ya sé... tú tienes un
                    rollete...
            (Le coge a Lourdes el moflete
            y tira de él mientras habla)
              Tú tienes un rollete y te
              lo vas a traer aquí esta
             noche... ¿Ves? ¿Ves como un
             clavo saca a otro clavo?

                    LOURDES
           (Librándose del pellizco de
                un manotazo)
            Y dale con el clavo. Mira,

yo no sé si lo que me está
ocurriendo es real o estoy
alucinando, pero...

CHUS

Tía, ayer ibas muy puesta, yo
creo que tienes que frenarte
un poquito. A los tíos no les
gustan las chicas así.

LOURDES

¿Pero qué tíos?

CHUS

Por ejemplo al de esta noche.
Al tío ése por el que has
limpiado a conciencia la
choza...(Reparando en la
limpieza del baño) Joder, qué
pulcritud. Nunca lo había
visto así...

LOURDES

Qué sabrás tú de tíos.

CHUS

Oye, guapa, que yo he venido
a traerte churros y hacer las
paces, pero si vas a ponerte
borde...

LOURDES

No, no va a haber ningún tío
esta noche, lo que pasa es
que...
(Mirándola fijamente, como

si sopesara decírselo. Chus
mientras saca un churro de
la bolsa y se lo mete en la
boca).

LOURDES
Es igual, no vas a creerme.
Normal. No me lo creo ni yo.
Tengo que dejar los chupitos.

CHUS
No te preocupes. Yo sé bien
por lo que tenemos que pasar
algunas para pillar. Y yo,
mejor que nadie, con este
cuerpazo. Pero vaya brillo,
joder, es que me tienes
impresionada.

LOURDES
Perdona lo de ayer, Chus. Es
que estoy pasando una racha
muy mala. Y encima, ahora...

CHUS
Olvidado. Me voy. Ten.
(Le da la bolsa de churros)
Tenía que habértelos traído
antes, pero es que se me
hizo tarde. Y además quería
dejarte dormir.
(Se abrazan)
Y por esto (señalando el ojo)
no te preocupes, no has sito

tú. Ha sido mi hermano, esta
mañana, disputando el baño.

ESCENA 10
INT. HABITACIÓN - TARDE

Lourdes está vistiéndose en la
habitación. Planos muy cortos y
parciales donde no se le ve la cara
sino solo la camisa que se pone, el
pantalón que se enfunda...

Finalmente, Lourdes acaba de vestirse
y se asoma al espejo.

Va vestida de vigilante jurado. Acaba
de ajustarse la gorra, despacio, con
pulcritud. Se mira en el espejo, le
gusta lo que ve. Con la porra, en
la otra mano va dándose golpecitos
suaves, expertos, como los que se
daría un poli en una película cómica
a la vista de un caco inadvertido.

ESCENA 11
INT. SALÓN DE YOGA - TARDE

En la amplia habitación, diez o doce
mujeres embarazadas hacen posturas de
yoga sobre unas lonetas.

Delante de ellas, María, alta y
grandona, supervisa los ejercicios y
controla las respiraciones.

Golpes en el cristal de la puerta. María se vuelve y mira, desconcertada. Dice que no con la cabeza.

Lourdes entra en la sala, vestida con el uniforme de vigilante-jurado. Con paso decidido avanza hacia María, que niega con la cabeza, ligeramente aterrada.

LOURDES
(A las embarazadas)
No pasa nada. Vosotras seguid.

MARIA
(Crispada pero susurrante)
¿Qué haces aquí? ¿No puedes esperarte?

LOURDES
(También susurrante)
No. Me está ocurriendo algo.

MARÍA
¿Y no puedes contármelo luego?

LOURDES
No. Luego tengo turno en el tanatorio.

MARÍA
Pues después.

LOURDES

Desde luego, María, qué
poquito solidaria eres.

MARÍA

Mira quién habla. La
que arrampla con las
consumiciones de las amigas
y las muele a golpes. No me
extraña que te ocurran cosas.
Pocas me parecen. Eso es que
Dios empieza a estar un poco
hartito de ti.

LOURDES

¿Me vas a escuchar o no?

MARÍA

No. Luego. O mañana.

LOURDES

Vale. Pues muchas gracias.
Adiós.
(A las embarazadas) Adiós.

TODAS LAS EMBARAZADAS

Adiós.

ESCENA 12
INT. PUB - NOCHE

Lourdes está sentada sobre un
taburete en la barra de un pub,
hablando y mirando con amplia sonrisa
a un chico que está a su lado, de

pie, con la bebida en la mano, que
también le sonríe.

Lourdes tiene un codo apoyado en
la barra que a su vez le sujeta la
cara. Mira y escucha al chico con una
sonrisa amplia, coqueta, sugerente,
como si este chico no parara de
soltar grandes ocurrencias.

                    LOURDES
                    ¿Sí?...

                    CHICO
                    Sí.

                    LOURDES
            (Fingidamente asombrada)
                    ¡No!

                    CHICO
                    ¡Sí!

                    LOURDES
                    ¿Seis?

                    CHICO
              Seis. En cada pie.

                    LOURDES
          ¡Seis dedos en cada pie! ¿Y
                tú qué hiciste?

                    CHICO
          ¿Yo? ¿Pues qué voy a hacer?
          Le dije: Mejor para mí. Más a
                    chupar.

Risas. El chico pone la mano en la
boca remedando el chupeteado de pie,
como si soplara una flauta andina.

> LOURDES
> (Riendo, dándole una
> palmadita en el pecho)
> Tonto...

De pronto...

> VOZ
> Lourdes...

> LOURDES
> (Súbitamente seria. Ojos muy
> abiertos)
> Vamos no me jodas...

Lourdes mira a todas partes,
inquieta. De pronto la ve. Está
detrás de la barra, enfrente, sobre
las ginebras. Una luz cegadora. Al
fondo, la Virgen, sonriente, amable,
acogedora, receptiva.

> LOURDES
> Pero por Dios... ¿También
> aquí?

> CHICO
> ¿Estás bien?

> LOURDES
> (Sin hacer caso al chico, con
> la vista puesta en la fila de

ginebras)
¿Pero eres de verdad? Dime
que alucino. Dime que son los
mojitos...

VIRGEN
¿No preferías así..?

LOURDES
Sí. No... es que yo...
precisamente...justo ahora...

CHICO
(Asustado al verla hablar
sola)
Bueno. Yo tengo que irme.
Adiós.

LOURDES
(Agarrándole de la manga)
¡Espera, no te vayas! ¿Es que
tú no la ves?

CHICO
(Se suelta y se aleja)
Bueno, te llamo. Te escribo.
Adiós.

Fastidio y decepción en Lourdes.

VIRGEN
Lourdes, tenemos que hablar
del mensaje.

LOURDES
(Bebiendo, resignada)
El mensaje. Ya.

VIRGEN
(Después de un largo
silencio)
He venido en mal momento,
¿Verdad?

LOURDES
¿Tú qué crees?

VIRGEN
Lo entiendo. Yo también he
sido mujer.

Lourdes la mira como diciendo:
¿Seguro?

VIRGEN
Mejor nos vemos luego.

LOURDES
Sí. Mejor luego.

ESCENA 13
EXT. TANATORIO - DIA

Familiares y deudos pasean y hablan
en voz baja por las distintas salas
del tanatorio.

Lourdes, uniformada, pasea por el
patio central. Con discreción,
contempla a las personas que se
arremolinan a la puerta de las
distintas salas donde se exponen los
féretros.

Alguien rompe a llorar de manera desconsolada. Discretamente, Lourdes se acerca. Se detiene. Ya hay deudos que se encargan de confortar al afligido.

De pronto, una luz intensa, cegadora, aparece en uno de los laterales del amplio patio del tanatorio, cerca de las escaleras que suben a la cafetería. La luz da de lleno en el rostro de Lourdes.

                    LOURDES
            Pero por favor. ¿Aquí
                  también?

La Virgen reaparece en toda su luminosidad. Amable, sonriente, conciliadora.

Lourdes mira a los lados. Quiere comprobar si alguien más se percata de la imagen. Al parecer, nadie. La gente pasea o habla en el patio central sin reparar en la gran luminiscencia.

                    VIRGEN
                ¿Mejor aquí?

                    LOURDES
                  (Molesta)
          Pues no. Estoy trabajando.

La Virgen calla. Parece confundida.
En torno a Lourdes, algunos se
detienen al verla levantar la cabeza,
hablar sola y gesticular.

                    VIRGEN
            No quiero importunarte. ¿En
                casa, mejor?
                    LOURDES
              Sí. En casa. En casa.

La Virgen desaparece. Lourdes sigue
paseando, despacio, con la cabeza
baja, un poco avergonzada, mirando
de reojo, molesta porque todavía hay
quien la sigue mirando.

ESCENA 14
INT. PISO DE LOURDES - NOCHE

Lourdes está sentada en el sofá del
saloncito, frente al televisor,
aunque no está mirando la tele.

Sobre ella, con el resplandor
habitual, la Virgen aguarda en
silencio.

Lourdes está sentada al borde del
sillón, recta, erguida, los dedos de
cada mano juntos, gesto preocupado.

                    VIRGEN
            Lourdes, ¿Por qué no quieres
            escucharme? Lo que tengo

que decirte es muy hermoso.
Comporta un gran sacrificio,
pero es un sacrificio hermoso.

LOURDES
Miraa...

VIRGEN
María.

LOURDES
Mira, María. Yo te agradezco
mucho lo que quieres hacer
por mí. Especialmente lo del
baño.

VIRGEN
Por ti, no, Lourdes. Por toda
la humanidad. Y eso es algo
que haremos juntas.

LOURDES
Ya, bueno, pero es que...
verás. Yo, muy religiosa, no
soy.

VIRGEN
No importa. Yo no busco
beatas. Yo quiero amigas de
buen corazón.

LOURDES
Mejor dicho. Yo no soy nada
religiosa. De niña, sí. Y
mis padres también. Pero
ahora...¿Por qué me has
elegido a mí?

VIRGEN
Seguir al Señor no se elige.
Se encuentra. Y tú me has
encontrado, Lourdes. Por tu
buen corazón.

LOURDES
¿Buen corazón? ¿Yo?

VIRGEN
Bueno, por eso y porque
siempre tienes mi nombre en
tus labios.

LOURDES
Ah, ¿con que era eso? Verás.
Si yo no...

VIRGEN
No temas, Lourdes. No es
preciso que te justifiques. Yo
he depositado mucha confianza
en ti. Tengo fe en ti. Tengo
amor por ti. Pero si tú no
quieres mi amor...

LOURDES
A ver. Si yo querer, no es
que no quiera...

VIRGEN
Lo que vengo a decirte es
algo muy bonito. Maravilloso.

LOURDES
Ya. Pero yo no me veo
capacitada.

VIRGEN
No es cuestión de capacidad.
Es cuestión de fe. Y de amor.
Amor por la humanidad.

LOURDES
Ya. Mira. Además ahora estoy
atravesando malos momentos.
Acabo de pasar por varias
relaciones desafortunadas. En
muy poco tiempo.

VIRGEN
Lo sé.

LOURDES
¿Lo sabes?

VIRGEN
No al pie de la letra, con
detalles. Pero lo sé. Sé por
lo que pasáis las personas.
Recuerda que yo también he
sido como vosotros.

Lourdes la mira con escepticismo,
pero se calla la opinión.

LOURDES
Lo que quiero decirte, María,
no lo tomes a mal, pero lo
que quiero decirte...

Lourdes calla. De pronto observa
que la Virgen se ha puesto seria. Y
triste. La Virgen baja la cabeza por
primera vez desde que se le aparece.

LOURDES

Lo que quiero decirte es que
no creo que yo sea la persona
adecuada.

VIRGEN

(Triste, con la cabeza baja,
casi susurrando)
Yo sí creo que eres la
persona adecuada. Porque
eres buena. Impulsiva,
descontrolada, un poco
egoísta, desconsiderada con
tus amigas, impaciente y
desordenada, algo caótica,
pero eres buena persona.
Una buena persona. Ahora
bien, si tú no te consideras
afortunada, afortunada
por haber sido la elegida,
entonces yo...

LOURDES

Entonces tú...

VIRGEN

Yo no quiero que nadie esté
conmigo contra su voluntad.
Yo quiero compartir mi amor
a la humanidad contigo. Os
amo a todos y quiero vuestra
felicidad, a cambio de unos
pequeños detalles que tenéis
que corregir porque os estáis
desviando por el mal camino.

Pero si tú no quieres compartir
esa alegría conmigo. Si tú
consideras que no quieres
ser mi amiga. Que yo no soy
adecuada para ser amiga tuya.

LOURDES
(Ablandándose)
A ver, María. ¿Cómo no voy a
querer eso?
Tú eres excepcional. Tú eres
la mejor de las mujeres.

VIRGEN
(Abatida)
No. Tú no crees eso.

LOURDES
Sí. Lo creo. Me lo estás
demostrando. Mira el baño.

VIRGEN
No. No lo crees. Lo dices
pero no lo crees. No crees
que merezca ser amiga tuya.

La Virgen agacha la cabeza. Comienza
a emitir sonidos raros.

LOURDES
(Asombrada)
María... ¿Estás llorando?
¿Estás llorando, María...?

VIRGEN
No.

LOURDES
Sí. Estás llorando.

VIRGEN
(Sacándose un pañuelo de
la manga de la túnica y
limpiándose los ojos)
Un poco.

LOURDES
(Asombrada)
Joder. He hecho llorar a la
Virgen...

VIRGEN
No te preocupes. No es culpa
tuya. Hay días que estoy muy
sensible.

LOURDES
Ya. A mí pasa lo mismo. En
esos días estoy...

VIRGEN
(Sonriendo, enjugándose las
lágrimas)
No, Lourdes. Yo no tengo esos
días.

LOURDES
Lo siento mucho.

VIRGEN
No lo sientas. Es bueno
emocionarse. Me hace sentir
viva.

LOURDES

Escucha, María. Ya sé lo que
vamos a hacer.

VIRGEN

¿Lo sabes?

LOURDES

Sí. Lo sé. Mira, yo tengo
varias amigas.

VIRGEN

Ya lo sé.

LOURDES

Entonces mejor. Yo tengo
amigas muy buenas, tan
buenas o mejor que yo. Qué
digo. Todas mejor que yo.
Cualquiera de ellas estaría
encantada de ayudarte.

VIRGEN

Ayudarme a mí, no. A la
humanidad.

LOURDES

Claro. A la humanidad. Mira,
mi amiga María, que además se
llama igual que tú, fíjate si
ya tiene ganado, pues María
resulta que es muy fervorosa,
creyente, muy devota. Ya sé
que para ti no es lo que más
prima. Pero es que además es
buena. Muy buena. De buena

que es, resulta buenaza.
¡María! ¡Pues claro! Ella.
No se hable más. María es la
persona que te conviene.

VIRGEN
Pero yo te he elegido a ti.

LOURDES
Porque no conoces bien a
María. Mira. Ahora mismo,
si quieres, yo quedo con
las tres. Aquí, en casa. En
una hora. Y tú eliges a la
que quieras. Yo creo que es
María, pero en fin, eso es
cosa tuya. Yo te presento a
las tres. Una terna. Las tres
inmejorables. Tú las ves, las
estudias, y ya si eso...

VIRGEN
(Serena, apacible,
conciliadora)
Pero Lourdes ¿Tú crees que
hace falta que me presentes
amigas tuyas, como si yo no
conociera a más gente para
llevar a cabo la hermosa
misión? ¿Tú crees que yo no
podría haber elegido, y mucho
antes, muchas almas buenas
que están deseando alcanzar
conmigo el maravilloso camino
del amor y la reconciliación?

LOURDES
Es verdad. Perdona. ¿Estás
llorando otra vez?

VIRGEN
No. Ahora es solo un poco de
moquillo. Lourdes...

LOURDES
¿Qué?

VIRGEN
Estoy muy confundida.

LOURDES
Lo siento.

VIRGEN
Y triste.

LOURDES
Lo siento mucho, pero es que
yo... mira yo necesito...

VIRGEN
¿Qué necesitas, Lourdes?

LOURDES
Yo ahora necesito... una
persona que me quiera.

VIRGEN
Yo te quiero.

LOURDES
Ya, pero yo necesito... Un
chico. Ya está. Ya lo he

dicho. Un tío con pelos en
las piernas.

VIRGEN
Un hombre. Claro. Lo
entiendo. Eres una mujer.

LOURDES
Yo necesito un chico que me
quiera. Y un chico al que
querer. Y un chico además con el
que... ya sabes... con el que...

VIRGEN
(Sonriendo)
Claro que lo sé. ¿Crees que
ignoro lo que pasa en el
mundo?

LOURDES
¿Te parece mal?

VIRGEN
En absoluto. Me parece muy
normal y muy humano. Me
parece muy bonito.

LOURDES
Gracias.

VIRGEN
Lo que pasa es que... yo
había depositado muchas
esperanzas en ti.

LOURDES
Ya.

VIRGEN
Mucha ilusión.

LOURDES
Entiendo.

VIRGEN
Te he estudiado a fondo. No
creas que hago las cosas a la
ligera. Antes de decidirme,
estudio. Yo confiaba en que
juntas, en fin, que por un
tiempo, renunciaras a tu
condición de mujer y...

LOURDES
Ya.

VIRGEN
No todo el tiempo. Solo el
tiempo de la misión. De
nuestra maravillosa misión.

LOURDES
Ya, pero es que...

VIRGEN
Y no son cosas incompatibles.
Claro que la difusión del
mensaje requiere mucha
dedicación.

LOURDES
Ahí está.

VIRGEN
Qué triste me dejas.

LOURDES
Lo siento.

VIRGEN
(Sonriendo)
Como decís vosotros,
descolocada.

Lourdes cabecea y aprieta los labios.
No se atreve a decir más. Silencio
prolongado. La Virgen tiene la cabeza
baja y así la mantiene un largo rato.

VIRGEN
(Levantando la cabeza)
María Jesús, Rosario y María,
¿verdad?

LOURDES
(Súbitamente animada)
Eso es. Chus, Charo y María.
Gente formidable. Buenísimas
personas. Te encantarán.
¿Quieres que concierte una
cita con ellas?
(Hace ademán de llamarlas por
teléfono)

VIRGEN
Lourdes, me entristece un
poco tu alegría.

LOURDES
Ya lo verás. Mucho mejor
que yo. Dónde va a parar. Y
yo ahí, en la retaguardia,

controlando y animando. Una
más en el equipo.

                    VIRGEN
              (Sonrisa triste)
        Las cosas no son tan
sencillas, Lourdes. Queda
con ellas, pero las cosas
no son tan sencillas. Mi
amor por vosotros es grande.
Muy grande. Pero las cosas
no siempre son como tú las
                  imaginas.

                   LOURDES
        Vale. Yo quedo con ellas.
Aquí mismo, donde estamos
ahora. Y luego tú, ya... ¿Qué
te parece mañana, a esta
              misma hora?

La Virgen sonríe. Poco a poco, su
imagen se difumina y desaparece.

                   LOURDES
            ¿Eso es un sí?...

ESCENA 15
INT. CASA ANTIGUA - NOCHE

Lourdes sube los gastados escalones
de madera de una casa antigua. Por
toda iluminación, una bombilla

desnuda en cada rellano. Ni que decir
que no hay ascensor.

Al llegar al tercer piso, se planta
frente a una puerta igual de lúgubre
y vetusta. Llama al timbre. Junto
a la mirilla, una estampita de la
Virgen.

VOZ DE MUJER MAYOR DENTRO
¿Quién es?

LOURDES
Soy yo.

VOZ DENTRO
¿Y quién eres tú?

LOURDES
Hortensia. Soy yo, Lourdes.
Abre.

La puerta se entreabre muy poco. Por
la estrecha rendija abierta asoma la
cara de una señora mayor.

TÍA HORTENSIA
¿Y quién eres tú?

LOURDES
Pero Tía, ¿te ha dado un
telele? ¿Es que ya no me
reconoces?

TIA HORTENSIA
(Abriendo del todo)
Claro que te reconozco,

imbécil. Iba con rintintin.
Es por lo poco que vienes a
verme.

                    LOURDES
            Tengo un problema.

                 TÍA HORTENSIA
            Te vienes meando...

                    LOURDES
        También. Pero ése no es el
              problema.

ESCENA 16
INT. CASA DE LA TÍA - A CONTINUACIÓN

La tía Hortensia está sentada en el
saloncito, frente a una mesa camilla.
Tiene un mazo de cartas en la mano.
En la mesa varias filas de naipes.
Está echándose un solitario.

Suena la cisterna. Al poco entra
Lourdes en el saloncito.

                    LOURDES
          Tía. Tengo un problema y
                  gordo.

                 TÍA HORTENSIA
          (Sin mirarla. Sacando una
        carta del mazo y colocándola
                  en la mesa)
          A ver el problema. Pero yo

                  - 57 -

hasta el veinticinco no
cobro.

LOURDES
Ése no es el problema.
¿Cuándo te he pedido yo
dinero?

La tía se queda mirándola con ironía.
Sigue colocando cartas.

LOURDES
Se me ha aparecido la Virgen.

TÍA HORTENSIA
(Escéptica, sin levantar la
vista)
Ya.

LOURDES
Te lo juro. Tía. La Virgen.

La tía detiene el vuelo de los
naipes. vuelve a mirarla como con
curiosidad. Retoma el juego en
seguida.

TÍA HORTENSIA
Y yo me lo creo.

LOURDES
Claro que te lo crees. ¿No
eres creyente, y vidente, y
amiga de Conchita, la niña
vidente de Garabandal?

TÍA HORTENSIA
Pues por eso no te creo. Tú
eres la última persona a la

que iría a aparecérsele la
Virgen.

LOURDES
(Mirándola fijamente)
Te lo juro por mamá.

Ahora sí que la tía Hortensia la mira
con estupor. Deja las cartas. Con
gravedad, la coge de ambas manos.

TÍA HORTENSIA
¿Con qué advocación?

LOURDES
¿Qué?

TÍA HORTENSIA
Que con qué advocación se te
ha aparecido la Virgen. ¿Es
la Virgen del Carmen?

LOURDES
Yo qué se. Dice que se llama
María. Va de azul. Con un
velo en la cabeza.. ¿Y eso
qué más da?

TÍA HORTENSIA
Sí da. Ya lo creo que da.
Yo con la Virgen del Carmen
tengo mucha mano. Soy amiga
de Conchita. ¿Va descalza?

LOURDES
¿La Virgen? Pues... no. Lleva
unas sandalias, creo, no me

he fijado mucho. Eso es que ya
me crees.

TÍA HORTENSIA
¿Cómo no iba a creerte? Es
tan disparatado que no puede
ser mentira. Espera. Voy a
ver...

Saca una carta con mucha ceremonia.
Sonríe.

TÍA HORTENSIA
(Jubilosa)
¡Ajá!

LOURDES
(Intrigada)
¿Eso...es bueno?

TIA HORTENSIA
Para el juego, estupendo. Me
ha salido el solitario sin
trampas. Claro que te creo,
Lourdes. Hay muchas cosas que
no cuento a nadie. Y a ti
menos, que eres una completa
descreída. Espero que por lo
menos ahora te tomes más en
serio las cosas de tu vieja
tía. Por cierto, ¿Cuál es el
problema?

LOURDES
Pues ése. Que no quiero que
se me aparezca la Virgen.

TÍA HORTNSIA
(Asombrada)
¿Que no quieres que se te
aparezca la Virgen?

LOURDES
Pues no.

TÍA HORTENSIA
Pero hija. Ése es un honor
muy grande. ¿Cómo no vas a
querer que se te aparezca la
Virgen?

LOURDES
Pues por que no. Porque yo
ahora estoy en otras cosas...

TÍA HORTENSIA
¿Y qué quiere la Virgen de
ti? Que te ayude a propagar
el mensaje...

LOURDES
(Asombrada)
Sí. ¿Cómo lo sabes?

TÍA HORTENSIA
Lo típico. Casi siempre es
para eso. Bueno, y que soy
vidente. Escucha, Lourdes, Tú
no puedes decirle a la Virgen
que no. Tú tienes que estar a
lo que la Virgen te mande.

LOURDES

Pues conmigo que no cuente.
Ahora no. Yo tengo muchas
cosas en la cabeza. Escucha,
tía, tú de esto sabes
mucho, tú tienes mano con las
cosas de la Virgen.

TÍA HORTENSIA

A mí nunca se me ha aparecido
la Virgen.

LOURDES

Pero eres vidente. Y amiga de
Conchita, la de Garabandal.
Algo te manejarás.

TÍA HORTENSIA
Algo.

LOURDES

Lo que quiero es convencer a
la Virgen para que se busque
a otra.

TÍA HORTENSIA
¿Otra? ¿Como por ejemplo...
yo?

LOURDES
Por ejemplo. A mí me da
igual.

TÍA HORTENSIA
Yo no valgo, soy muy mayor. Y
si la Virgen hubiera pensado

en mí, ya ha tenido su tiempo
para decidirse. No. La
Virgen las prefiere jóvenes.
Ingenuas, impúberes...

Al decir esto, mira a Lourdes con
escepticismo.

TÍA HORTENSIA
Bueno, jóvenes. Pero escucha,
Lourdes. Estoy pensando que
yo podría ser tu secretaria.
Eso sí que podría hacerlo a
la perfección.

LOURDES
¿Tú, mi secretaria?

TÍA HORTENSIA
Conozco bien todo el asunto
de los mensajes de la Virgen,
que tiene más miga de lo que
parece. Lo de Garabandal me
dio mucho callo.

LOURDES
No, tía. Olvídalo.

TÍA HORTENSIA
¿Y lo que significaría para
ti? Viajarías por el mundo.
Conocerías a muchos tipos de
gente ...

LOURDES
Pues no. Yo ahora solo quiero
conocer a gente de un solo tipo.

TIA HORTENSIA
(Despechada)
Ya. Que tenga algo importante
entre las piernas.

LOURDES
Y simpático, si puede ser.
Pero sí.

TÍA HORTENSIA
Qué bruta eres. Y qué
cerrada. Servir a la Virgen
siempre será mucho mejor que
ir por ahí de guardia de la
porra.

LOURDES
Vigilante-jurado. Mira tía.
Yo había pensado en colocarle
a la Virgen a alguna de mis
amigas, Charo, Chus o María.
Tú las conoces. ¿Qué te
parece la idea?

TIA HORTENSIA
¿A mí? A quien tiene que
parecerle bien es a ella.

LOURDES
Ya. Es que ella no me ha
dicho ni que sí ni que no.

TÍA HORTENSIA
O sea, que habláis...

LOURDES
Claro que hablamos.

TÍA HORTENSIA
Digo habitualmente.

LOURDES
¿No te estoy diciendo? Claro
que hablo con ella. Es muy
maja. Si hasta me limpia el
baño. Hoy se ha empeñado en
fregar los cacharros y en
limpiar a fondo el fregadero.

TÍA HORTENSIA
Si, eso me comentaba
Conchita, que la Virgen era
muy campechana. Claro que
la suya era la Virgen del
Carmen...

LOURDES
El caso es que yo la sugerí
que eligiera entre mis
amigas, pero no dijo nada.
Eso es buena señal ¿No?

TÍA HORTENSIA
Hombre, todo lo que sea no
decir no...

LOURDES
Además se sonrió.

TÍA HORTENSIA
Pinta bien. ¿Y qué más hizo?

LOURDES
Nada. Desapareció. Pero
vamos, de buen rollo,

despacio, sonriendo... ¿Tú
qué opinas? ¿Aseguro el tiro
si me paso por la iglesia y
dejo una buena limosna en el
cepillo? O rezo un rosario, o
una salve...

TÍA HORTENSIA
Hija, yo no sé que ha podido
ver la Virgen en ti. Para
mi que se ha equivocado, o
será que quiere redimirte.
En cualquier caso, nada de
amigas. Ya tendrá ella a
quién recurrir, tú no se
lo pongas fácil. Y a todo
esto... ¿ellas qué piensan?

LOURDES
¿Ellas? Nada. Ellas no tienen
que pensar nada.

TÍA HORTENSIA
Pues que sigan in albis, que
el chollo es tuyo. ¿Tú sabes
lo que es que te reciban
en las embajadas, en los
consulados, que te escriban
los nobles, los duques,
reyes...?

LOURDES
Ya, bueno, tía...

TIA HORTENSIA
Dime que lo pensarás.

LOURDES
Lo pensaré.

TÍA HORTENSIA
¿Tú sabes la alegría que le
darías a tus padres?

LOURDES
Mejor que no se enteren. Tú
no les digas nada. A ti no te
he visitado en calidad de tía
sino como experta en asuntos
marianos.

TÍA HORTENSIA
Vale. Y tú, nada de amigas.
Que esto es un chollo.
Créeme.

ESCENA 17
EXT. TANATORIO - DÍA

Lourdes está de uniforme en una de
las puertas del tanatorio.

Suena su móvil. Lo coge.

VOZ POR EL MÓVIL
Haz caso a tu tía.

LOURDES
Mamá...

MADRE
Haz caso a tu tía que de
estas cosas sabe mucho. A

ver, ¿tú por qué no quieres
servir a la Virgen...?

LOURDES
Mamá, estoy trabajando, ahora
no puedo.

MADRE
Mira, te voy a contar una
cosa de tu tía Hortensia.

LOURDES
Mamá, ahora no puedo, me está
mirando el jefe.

No le está mirando el jefe. Solo un
niño pequeño se le ha quedado mirando
las esposas. En seguida Lourdes le
despacha señalándole el patio del
tanatorio.

MADRE
Escucha. Hace muchos años,
cuando éramos jóvenes y
vivíamos la tía y yo con tus
abuelos,yo era secretaria
de un jefe encantador, una
bellísima persona, amable y
simpática, una joya de jefe.

LOURDES
(Fastidiada)
Mamá...

MADRE

Escucha a tu madre. Pues
ese jefe tan maravilloso se
jubiló y de la noche a la
mañana, en su lugar llegó un
cazurro amargado y déspota,
un prepotente, un gusano...

LOURDES

Mama, tengo que dejarte. Hay
unos señores a la puerta.

MADRE

...un impresentable, un mal
hombre. En definitiva, un bicho.
Pues bien. Yo estaba contando
eso en la mesa durante la cena,
y tu tía, que no hablaba casi
nunca y menos cuando comía,
dejó las lentejas y, sin
levantar la vista ni mirar a
nadie, me preguntó el nombre de
este déspota. Braulio, le dije
yo. Braulio qué, solicitó ella,
Braulio Hermoso de Mendoza,
completé yo, y ahí tu tía se
calló y no dijo más y siguió
con sus lentejas. Eso era un
viernes. El lunes siguiente,
cuando voy a trabajar, ¿Qué me
encuentro?

LOURDES

(Resignada)

Qué te encuentras...

MADRE

Pues me encuentro con que
el señor Hermoso de Mendoza
había muerto de un infarto
fulminante. ¿Qué te parece?

LOURDES

Pues que la última vez que me
lo contaste lo hiciste con
más gracia.

MADRE

Bueno, pues esa noche del
mismo lunes lo cuento en la
cena a los abuelos y a tu
tía Hortensia. ¿Y qué hizo
tu tía? Nada. Ni levantó la
vista del plato. Como si
no fuera con ella. ¿Qué te
parece la historia?

LOURDES

Lo mismo que siempre. Y qué
me quieres decir con eso.

MADRE

Pues que a la tía hay que
hacerle caso porque sabe de
lo que se habla y se mueve
muy bien en estos asuntos de
vivos y difuntos, de santos
y de pecadores. Y si la tía
te dice que vayas con la
Virgen, tú obligación como
buena cristiana bautizada y

confirmada que eres es la de
irte con la Virgen.

LOURDES
Está bien, mamá, ya veré qué
hago.

MADRE
No. Ya veré, no. Tú te vas
con la Virgen. No sabes la
alegría que nos vas a dar a
tu padre y a mí.

LOURDES
Hablando de papá, ¿Cómo está?

MADRE
Bien. Al menos respiraba, la
última vez que me he asomado
a la cama esta mañana.

LOURDES
¿Está mal?

MADRE
No, que se acuesta a las
tantas, y luego no hay quien
le levante. Escucha, hija,
lo que te ha sucedido es
maravilloso.

LOURDES
Ya.

MADRE
No lo desaproveches, que
llevas una vida muy...

LOURDES
¿Muy qué...?

MADRE
Pues muy muy. No me hagas
hablar mal. Qué gran
oportunidad, Lourdes, de
ponerte a bien con el Señor.

LOURDES
Mamá, te dejo que a unos
deudos se les ha caído el
cadáver de la caja.

MADRE
Qué bruta eres, hija. Algún
día te va a castigar Dios con
esas bromitas...

LOURDES
En serio, mamá. No es broma.

Lourdes está completamente sola en el
vestíbulo. Todo plácido. Ni fuera ni
dentro hay ninguna incidencia.

MADRE
Hija, hazme caso. Ve con la
Virgen. Si no quieres hacerlo
por nosotros, hazlo por la tía
Hortensia, que se aburre sola
en casa y ya sabes que cuando
se aburre le da bien al anís.

LOURDES
Vale, mamá.

                    MADRE
                 ¿Lo harás?

                   LOURDES
                 Lo pensaré.

                    MADRE
                 ¿Lo harás?

                   LOURDES
                   Síi...

                    MADRE
        Qué alegría. Nada de amigas.
                  Tú. Tú.

                   LOURDES
                 Sí. Yo. Yo.

                    MADRE
               Nada de amigas.

                   LOURDES
               Nada de amigas.

                    MADRE
                    Tú.

                   LOURDES
                    Yo.

                    MADRE
        Qué alegría más grande, hija.

ESCENA 18
INT. PISO DE LOURDES - TARDE

Chus, Charo y María están en el piso
de Lourdes, sentadas en el sofá. Dada
su desigual altura, parece que estén

                   - 73 -

ordenadas por tamaños. María, la
grandona, en un extremo. En un sillón
aparte está Lourdes.

Las tres están sentadas al borde del
sillón, rectas, firmes, expectantes.
como en una visita donde no hay
confianza.

Silencio expectante. Tan espeso es
el silencio que se escucha nítido el
tic-tac del carillón.

                CHARO
            (Susurrando)
        Ese reloj va atrasado.

                LOURDES
        (Llevándose el dedo a la
                boca)
              ¡Chsst!

                CHUS
        ¿A qué hora has quedado?

Toda la conversación se mantiene en
susurros.

                LOURDES
            (Susurrando)
        A ninguna. ¿Te crees que esto
        es la cita con el dentista?

                CHUS
        Perdona, hija. Es que a mí
        nunca se me ha aparecido

la Virgen. No conozco los
protocolos.

CHARO
¿Y cuánto tiempo tenemos que
estar así? Porque mientras
podíamos echar una partidita.
En silencio, claro.

LOURDES
No sé el tiempo. El que haga
falta. Y ahora no se juega.

CHARO
Yo tengo una ouija en casa
que me regalaron. Si queréis
voy a por ella. No he jugado
nunca, pero...

LOURDES
¡Chist! ¡Silencio!

CHUS
¿Tú estás segura de que
eso de la Virgen no lo has
soñado?

LOURDES
¿Tú has visto el baño? ¿Tú
crees que he sido yo capaz de
dejar un baño así?

CHUS
No, claro. Ahí...

CHARO
¿Y por qué no podemos usar
los móviles?

LOURDES
Por las ondas. Puede haber
interferencias.

Largo silencio.

MARÍA
Yo esto no lo veo bien. A mí
esto me da mucho miedo. Me
parece un sacrilegio.

LOURDES
¿Tú precisamente, que digas
eso tú, María, la devota,
la que va a misa todos los
domingos y te tragas rosarios
y rosarios enteros?

MARÍA
En misa. Ahí todo lo que
quieras. Pero aquí no. Aquí
esto me parece... esto no me
parece bien. (Levantándose)
Mira, yo me voy.

LOURDES
(Gritando pero en voz baja)
¡Tú no vas a ningún sitio!
Estamos las cuatro metidas en
esto. Juntas. Para lo bueno y
para lo malo.

CHUS
¿Y eso por qué?

LOURDES
¿Por qué, qué?

CHUS

Qué por qué estamos metidas
en esto las cuatro. Será cosa
tuya.

LOURDES

Porque somos amigas. Y las
amigas se apoyan y se ayudan
en todo. ¿No fui yo contigo
al Corte Inglés cuando
quisiste descambiar aquel
salto de cama?

CHUS

Ya ves.

LOURDES

¿Ya ves? ¿Y quién fue la
que acabó convenciendo a la
dependienta, a pesar de que
lo habías usado la noche
anterior?

CHUS

No es lo mismo.

LOURDES

Sí es lo mismo.

CHUS

Bueno, pues vale. Pero yo a
las ocho en punto me abro,
que he quedado.

CHARO

¿Tú? ¿Con quién vas a quedar
tú, si no tienes vida

social? Tu vida social somos nosotras.

CHUS
Con un chico, lista.

CHARO
¿Sí? ¿Tú? ¿Con un chico?

CHUS
Sí. Yo. ¿Sabes cómo es un chico, o te doy unas pistas para explicártelo?

LOURDES
¿Queréis callaros? Así cómo se va a aparecer nadie con este mal rollo. Silencio y concentración. María, por favor, no te muerdas las uñas.

MARIA
(Nerviosa)
Yo no puedo más. Esto está muy mal. Os estáis riendo de cosas muy serias.

LOURDES
¿Pero quién se está riendo?

MARÍA
(Levantándose)
Yo me voy.

LOURDES
Tú no te vas.

MARÍA
Pues dame algo de beber. Una
gaseosa. ¿Tienes Sprite?

LOURDES
No.

MARÍA
¿Y cerveza sin?

LOURDES
Yo qué sé. Mira a ver.

MARÍA
(Yendo a la cocina)
Qué preguntas hago. Cómo vas
a tener tú nada sin. ¿Queréis
algo, chicas?

LOURDES
Esto no es un picnic. Coge
la puta gaseosa y ven a
sentarte.

MARÍA
(Desde la cocina)
Anda, pero si hay pepinillos.
Chicas, ¿Queréis pepinillos?

LOURDES
¿Quieres dejar de hurgarme la
nevera y volver aquí de una
maldita vez?

CHUS
En serio, Lourdes. Yo creo
que lo has soñado. Hay a

quien le pasa, que alucina
despierta. Tú tienes que
bajar el ritmo. No puedes
salir todas las noches
buscando pillar y volver con
esos colocones...

CHARO
Chist. ¿Habéis oído?

CHUS
¿El qué?

LOURDES
Sí. Yo también lo he oído.

Un golpe seco en la pared. Luego
varios golpes más.

CHARO
Y esa música...¿Es aquí?

Al tiempo de los golpes, se oyen los
timbales de Así habló Zaratrusta.

Lourdes se levanta y se dirige a ese
rincón. Pone la oreja en la pared. Al
tiempo se oye un taladro. Lourdes se
vuelve, desencantada.

LOURDES
El vecino manitas.

CHUS
(Levantándose)
En fin. Otra vez cuadrad las
agendas, la virgen y tú. ¿No

tiene un ángel secretario que
le lleve las citas?

CHARO
(Con guasa, levantándose
también)
Si se te aparece, me llamas
y vuelvo. Dale una cervecita
y dile que estoy aquí en
seguida.

CHUS
En un santiamén.

CHARO
En lo que rezáis un ave
maría.

LOURDES
(Levantándose también)
Iros a la mierda.

Se marchan. Antes de llegar al
recibidor, pasan por la cocina.

Allí ven algo que deja a Chus y a
Charo boquiabiertas.

Lourdes, que camina detrás, se
extraña de su actitud y se asoma
también a la cocina.

Allí, María, de rodillas, brazos
levantados en cruz, con una sonrisa
beatífica, mira hacia el reloj de
cocina. Mueve la boca como si
hablara, pero no emite sonido alguno.

Chus y Charo siguen estupefactas. Lourdes se acerca a María. Desde su misma posición, mira lo que mira María, pero no ve más que el reloj de cocina.

Le pasa la mano por delante de los ojos, pero María no se inmuta, no pestañea. Su total atención, su luminosa sonrisa y su parrafada inaudible están totalmente volcadas en el reloj de cocina.

Lourdes intenta bajarle un brazo, pero no puede. El otro. Tampoco. María está rígida como una piedra, sonríe con felicidad y no para de cuchichear en silencio. Lourdes mira a Chus y Charo. Siguen boquiabiertas, asombradas.

                    LOURDES
          ¿Vosotras veis algo?

                    CHUS
                    No.

Lourdes arrima la oreja a la boca de María, intentando descifrar lo que dice.

                    CHARO
                 ¿Qué dice?

                    LOURDES
        No sé. Algo de una bombona de
         butano. Habla muy bajito.

CHUS
¿Y tú, no ves nada?

LOURDES
Yo qué voy a ver.

ESCENA 19
EXT. CALLE - DÍA

Lourdes camina por la calle con su
uniforme de vigilante jurado, cuando
a lo lejos ve algo que le llama la
atención: Chus, la amiga bajita, con
el uniforme de controlador de ORA,
está discutiendo acaloradamente con
un joven junto a un coche aparcado.

LOURDES
(Indignada)
¡Pero bueno!

Lourdes aviva el paso para ayudar
a Chus. Cuando llega hasta ellos,
se interpone entre Chus y el joven,
contra el que se encara.

LOURDES
A ver. ¿Qué pasa aquí?
¿Por qué está discutiendo
usted con una agente de la
autoridad?

JOVEN
Señorita, yo no discuto con

nadie, yo acabo de aparcar
y justamente me disponía
a sacar el ticket para
colocarlo en el parabrisas.

CHUS
Usted justamente no se
disponía a colocar nada
porque su coche lleva más de
diez minutos estacionado sin
ticket.

JOVEN
No es mi coche. Es de un
amigo.

CHUS
(Acalorada)
Me la refanfinfla. Como si es
de su tío de América.

LOURDES
Ya lo ve. Su coche estaba
estacionado en zona de
regulación horaria sin el
ticket pertinente. ¿Es que
a usted no le han enseñado
a respetar las normas de
circulación?

JOVEN
Sí señorita. Yo respeto las
normas escrupulosamente.
Lo que ocurre es que justo
estaba yo en la maquinita

expendedora para sacar el
ticket cuando...

Lourdes, de repente, repara en los
ojos inmensamente claros del joven,que
la dejan hechizada. En este momento
las facciones de Lourdes cambian
por completo. Su rostro pasa de la
indignación a la fascinación. De la ira
a la sonrisa. A partir de aquí no hace
más que mirarle a los ojos y asentir
embelesada.

JOVEN
...cuando comprobé que no
tenía monedas suficientes. Es
por eso que tuve que meterme
en aquella cafetería para
solicitar el pertinente
cambio.

LOURDES
(Volviéndose a Chus)
A ver, señora agente de
regulación, este joven, a
lo que parece, ha obrado
con la mejor disposición.
No tenía cambio y ha ido
corriendo a procurárselo a
una cafetería...

CHUS
(Obcecada)
Me da igual dónde haya ido
corriendo. Como si es a

disputar la San Silvestre. A
aparcar se viene cambiado.

CHUS

LOURDES
No, no puede darle igual,
señora agente controladora,
porque ha quedado bien
patente la buena disposición
de este caballero a respetar
las ordenanzas...

Mientras habla con Chus, le hace
disimilados gestos con los ojos y la
cabeza para que se vaya. Pero Chus
está obcecada y no está por la labor
de retirarse.

CHUS
Me da igual su buena
disposición. Lo que tiene
que tener es su buen bolsillo
repleto de monedas.

LOURDES
A ver, señora agente
controladora de zona de
estacionamiento regulado.
Este caballero estaba a punto
de colocar el ticket, ya
tenía prácticamente la mano
en el parabrisas, como él
asegura y yo por supuesto le
creo, así que técnicamente
no ha tenido lugar todavía
la infracción. Tenga usted

entonces la buena praxis de
retirar la sanción.

Lourdes coge la multa del
limpiaparabrisas y se la endosa a
Chus, como si quisiera pegársela al
pecho.

CHUS
(Volviendo a colocar la
multa en el parabrisas de un
manotazo)
A ver, señora vigilante
jurado de servicio municipal,
vuélvase usted al tanatorio,
no le vaya a resucitar algún
muerto, y déjeme a mí cumplir
con lo mío.

LOURDES
(Coge la multa y de nuevo se
la devuelve. Chus se resiste
a cogerla. Porfían. Se
agarran)
Tenga usted la... buena
voluntad de...

JOVEN
Señoras, por favor...

LOURDES
(Volviéndose al joven con
amplia sonrisa)
No se preocupe. Ya lo estamos
arreglando.

La vigilante jurado y la agente
reguladora de la Ora se agarran las
manos. Lourdes le fuerza a abrir la
mano para que coja la multa. Chus se
resiste. No lo consigue. Entonces
Lourdes, sonriendo vengativa, rompe
la multa en varios pedacitos.
Chus entonces, también sonriendo
vengativa, le da a su maquinita
para sacar otra multa. Lourdes se lo
impide agarrándole la mano.

                    CHUS
                    ¡Ay!

Lourdes ha conseguido agarrarle el
dedo anular y se lo presiona hacia
atrás.

                    CHUS
                  ¡Ay,ay!

                    JOVEN
          Por favor, señoritas...

                   LOURDES
      (Volviéndose al joven con una
              gran sonrisa)
          Tranquilo. Ya estamos
       prácticamente de acuerdo.
                (A Chus)
        ¿Verdad, señora agente de
      zona de regulación horaria,
       que este joven no ha llegado
          a infringir en ningún

momento la normativa de
estacionamiento?

CHUS
¡No! No la ha infringido.
¡Ay!

LOURDES
Que estaba a punto de colocar
el papelito...

CHUS
Sí. Sí lo estaba, sí.

LOURDES
¿Y que no procede por tanto
imponerle a este atractivo
caballero sanción alguna?

CHUS
Para nada. No procede en
absoluto.

LOURDES
¿Qué es lo que no procede?
Dígaselo a este señor para
que lo oiga.

CHUS
Sanción alguna. Puede dejar
el coche el tiempo que quiera
que yo misma se lo vigilo.

LOURDES
Eso es. Todos contentos y
satisfechos. Porque ha sido

escrupulosamente respetada la
legalidad vigente.

Lourdes con disimulo le pregunta a
Chus si se ven luego y saca ocho
dedos. Chus, que se acaricia el dedo
aprisionado, aprovecha el mismo dedo
para hacerle una peineta.

LOURDES
Adiós, señora agente. Buen
servicio.
(Volviéndose al joven,
sonriente)
Maja. No hay nada como dar
con gente razonable.

El joven también repara en Lourdes.
Le agrada y se nota.

JOVEN
Muchas gracias. Ha sido usted
muy amable.

LOURDES
No hay de qué. Lo hubiera
hecho por cualquiera.

De lejos, Chus ya está discutiendo
con otro señor que no puso ticket.

CHUS
(Lejana, varios coches más
adelante)
No es mi problema. Este coche

lleva aparcado más de diez
minutos sin el puto ticket...

Lourdes y el joven, a lo suyo, se
miran sonrientes.

JOVEN
(Dándole la mano)
José María.

LOURDES
(Pasa de la mano y le da dos
besos)
Lourdes.

JOVEN
¿Me permite decirle, Lourdes,
que está usted muy guapa de
uniforme?

LOURDES
¿De verdad?

JOVEN
Totalmente.

LOURDES
(Siempre muy sonriente)
Póngalo.

JOVEN
¿El qué?

LOURDES
El papelito.

JOVEN

Es verdad. Pues el caso
es...que no lo tengo. No he
llegado a sacarlo.

LOURDES

No has conseguido el cambio.

JOVEN

No.

LOURDES

No importa. Uf. Qué tensión.
Necesito beber algo, un
poco de agua. ¿Te importa
acompañarme? Es que no me
gusta entrar sola a los
bares.

JOVEN

Claro. Se ve a la legua que
eres una mujer que no los
frecuenta sola.

LOURDES

Pues vamos a ese bar.

JOVEN

Tengo una idea mejor. Sé de
un sitio donde hay un agua
muy buena.

LOURDES

¿Sí? ¿Dónde?

JOVEN

En mi casa, muy cerquita.
Sale un agua fresquísima.

                    LOURDES
       Ah, pues mucho mejor. No me
       gusta el agua embotellada.

                    JOVEN
       Dicen que Madrid tiene la
       mejor agua del grifo del
                    mundo.

                    LOURDES
       Pues vamos a comprobarlo...

Se alejan juntos.

Chus, cuando se han ido, se acerca
presurosa y pone la multa en el
parabrisas. También le propina una
patada a la rueda.

ESCENA 20
INT. PISO - DIA

Lourdes y José María están en
la cama, tumbados bocarriba,
satisfechos, los ojos abiertos
mirando al techo. Lourdes muy
sonriente, cara de gran satisfacción.
José María también sonriente y
satisfecho, aunque menos expresivo.

                    LOURDES
                 (Suspirando)
       La Virgen. Qué polvazo...

Ante el comentario, la cara de José
María, súbitamente, se apaga por
completo.

JOSÉ MARIA
(Muy serio)
No está bien que pronunciemos
el nombre de Dios en vano.
Excúsame un momento, tengo
que ir al baño.

José María se levanta y sale de la
habitación.

Lourdes observa cómo José María sale
con la sábana tapando sus vergüenzas.

Lourdes enarca las cejas, como
preguntándose qué ha dicho para que
reaccione así. Distraída, pasea la
mirada por la habitación. En seguida
repara en un gran crucifijo que
preside la pared. En la mesita, una
foto de José María con dos curas a
cada lado, sonriendo los cinco a la
cámara. Otra imagen fosforescente de
la Virgen de Fátima. En las paredes,
algunos cuadros religiosos, frailes,
santos, una foto de Juan Pablo II
en chándal. Otra foto aérea del
Vaticano. Para colmo, abre el cajón
de la mesilla y encuentra un rosario
con las cuentas de nácar y un misal.

Lourdes vuelve a quedarse bocarriba,
con los ojos muy abiertos. En
seguida los cierra con fuerza, como
reconociendo su error.

Entra José María, se mete en la
cama y queda sentado en ella. Habla
reflexivo, mirando al frente.

LOURDES
Lo siento. No quería...

JOSE MARÍA
No soy un meapilas. Soy
una persona perfectamente
integrada en el mundo de hoy.
Pero tengo una religiosidad
acendrada. Yo estuve cuatro
años en un seminario,
con perfecta vocación,
respondiendo a la llamada del
Señor...

Lourdes le acaricia el brazo, en un
intento de congraciarse.

JOSÉ MARÍA
Me salí porque me gustan
mucho las mujeres.

LOURDES
Ajá.

JOSÉ MARÍA
Me gusta mucho follar. Lo
admito. Por eso me salí. No
me gustan las hipocresías.

LOURDES
A mí también. Me gusta mucho.

Follar es de las mejores
cosas que pueden hacerse.

JOSÉ MARÍA
Me salí porque me gustan
mucho las mujeres. A mi novia
le pasa igual.

LOURDES
También le gustan las
mujeres...

JOSÉ MARÍA
No. Los hombres. Era monja,
pero también se salió por lo
mismo. Los dos sentíamos la
llamada del Señor, pero mucho
más sentíamos la llamada de
la carne.

LOURDES
Entiendo.

JOSÉ MARÍA
Lourdes. Escucha. Tú me
gustas mucho...

LOURDES
Y tú a mí también, José
María.

JOSÉ MARÍA
Esta tarde, contigo, he
sentido algo especial.

LOURDES
Y yo también, José María. Yo
también.

JOSÉ MARÍA

No tiene nada que ver con la
multa.

LOURDES

Claro.

JOSÉ MARÍA

El uniforme influye, desde
luego. Y tu conocimiento de
las llaves de jiu-jitsu. Pero
aparte de eso, he notado una
conexión...

LOURDES

Yo también la he notado.

JOSÉ MARÍA

Cuando digo mi novia, quiero
decir la que fue mi novia.
Hace unas semanas nos dimos
un tiempo.

LOURDES

(Aliviada)

Eso está bien. Siempre hay
que darse un tiempo.

JOSÉ MARÍA

De otro modo yo no estaría
aquí contigo ahora. Soy
incapaz de serle infiel a
nadie.

LOURDES

Eso te honra. Yo tampoco.

JOSÉ MARÍA

Tengo mi moral. Ya te digo
que no soy un meapilas. Pero
vivo la vida con cierta
religiosidad. Te habrás dado
cuenta.

LOURDES

Sí, no...bueno, eres una gran
persona, José María.

Lourdes le abraza cariñosa, le da
un beso sentido, quiere recomenzar
las operaciones. Pero José María la
aparta suavemente.

JOSÉ MARÍA

Tú me gustas mucho, Lourdes.
Pero creo que esto no va a
funcionar.

LOURDES

¿Cómo que no va a
funcionar? Claro que esto
va a funcionar. Esto va a
funcionar perfectamente.

JOSÉ MARÍA

No. Tú pareces una mujer
maravillosa. Pero creo que
hay ciertas cosas en las que
no vamos a estar de acuerdo,
cosas fundamentales.

LOURDES

¿Cómo que no vamos a estar de
acuerdo? ¡No estoy de acuerdo
para nada en eso!

JOSÉ MARÍA

Y es mejor no llevar más
lejos una relación que no
haría más que complicarse.
Dejémoslo aquí.

LOURDES

Pero yo sí quiero llevarla
más lejos. Yo sí quiero que
se complique.

JOSÉ MARÍA

Me sería muy fácil engañarte.
Seguir adelante con esto solo
por follar contigo. Follar y
follar contigo.

LOURDES

Pues adelante. Follemos.
Y luego, si eso, ya lo
repensamos...

JOSÉ MARÍA

No. Yo no soy así. No
podría engañarte. Ni mucho
menos engañarme a mí. Creo
que tenemos valores muy
diferentes. Y yo creo mucho
en los valores.

LOURDES
Yo también. ¿A qué valores te
refieres tú?

JOSÉ MARÍA
A valores. Diferentes.

LOURDES
¿A estos?
(Señalando el crucifijo, las
fotos...)
Ningún problema. Yo de
pequeña también era muy
religiosona, casi beata, iba
a misa y confesaba. Y mis
padres lo siguen siendo. Son
la hostia de religiosos.
Así que fíjate si puedo
adaptarme.

JOSÉ MARÍA
(Sonriendo, tocándole
suavemente la cara)
No. Somos de visiones
diferentes ante la vida. No
funcionaría.

LOURDES
Para nada diferentes. Tú
me gustas, José María, me
gustas mucho. Dame una
oportunidad...

José María se levanta despacio. Se
viste.

JOSÉ MARÍA
Creo que es mejor que te
vistas y te vayas...

LOURDES
(Cruzándose de brazos,
enfurruñada)
No. No me visto. Tenemos una
conexión. Tenemos una puta
conexión.

JOSÉ MARÍA
Lourdes, por favor...

LOURDES
Está bien. Voy a decirte una
cosa...

JOSÉ MARÍA
(Intrigado)
¿El qué?

LOURDES
Voy a decirte una cosa...

JOSÉ MARÍA
Está bien. Dímela.

LOURDES
¿Crees que no te comprendo?
¿Que no comprendo tu
religiosidad? ¿Que no soy
digna de...? Pues que lo
sepas de una vez. Yo...

JOSÉ MARÍA
¿Tú...?

LOURDES
Yo hablo con la virgen.

José María deja de vestirse. Queda desconcertado. Mira a Lourdes con incredulidad.

Luego mueve la cabeza, con escepticismo. Sigue vistiéndose.

JOSÉ MARÍA
No me esperaba eso de ti.

LOURDES
Es la verdad.

JOSÉ MARÍA
No creí que fueras a llegar tan lejos. Es indigno.

LOURDES
Es la puta verdad.

JOSÉ MARÍA
Lourdes. Vete, por favor.

LOURDES
Quería decir pura. José María, te juro que es cierto. Te juro por Dios que es cierto.

JOSÉ MARÍA
No lo estropees más. Con lo maravillosa que eres... o que me parecías.

LOURDES

Lo soy. Soy maravillosa. Y tú también eres maravilloso. José María, si te demuestro que es cierto...

JOSÉ MARÍA

¿Demostrar...?

LOURDES

Si te demuestro que es cierto, que yo hablo con la virgen...

JOSÉ MARÍA

(Suspirando)

Claro que sí, Lourdes. Demuéstramelo cuando quieras.

LOURDES

Te ríes pero te lo voy a demostrar.

JOSÉ MARÍA

(Empujándola suavemente)

Claro.

LOURDES

¿Me puedo quedar el misal?

JOSÉ MARÍA

¿El misal? ¿De recuerdo?

LOURDES

No. En prenda. De recuerdo no, porque nos vamos a ver en seguida.

JOSÉ MARÍA
No. El misal no, que es
recuerdo de mi madre. Ten.
Quédate con esto.
(Abre el cajón y le da un
rosario)

LOURDES
Gracias.

JOSÉ MARÍA
De nada. Tengo muchos.

LOURDES
En prenda. Volveremos a
vernos. Y voy a dejarte
alucinado.

JOSÉ MARÍA
(Otro suspiro)
Claro que sí.

ESCENA 21
INT. PISO DE CHUS - TARDE-NOCHE

Llaman a la puerta. Chus, la pequeña
amiga controladora de la Ora, sale a
abrir.

Es Lourdes. Mirada recriminatoria de
Chus.

CHUS
(Sin moverse de la puerta)
Espero que haya merecido la
pena.

LOURDES
Sí. Ha merecido mucho la
pena.

CHUS
(Dejándola pasar)
Me has roto el dedo.

Lourdes se preocupa. La coge con
delicadeza la mano.

CHUS
Bueno, roto no. Pero he
tenido que ponerme pomada. Me
duele. ¿Por qué siempre estás
golpeándome?

Lourdes le acaricia el dedo. Lo besa.

CHUS
Es la otra mano.

Lourdes coge la otra mano y le
acaricia el dedo, se lo besa.

CHUS
(Retirando el dedo)
Quita, sobona. ¿Ya has visto
lo que ha hecho tu amiga?

LOURDES
¿Qué ha hecho mi amiga?...

Chus coge el móvil y se lo enseña a
Lourdes.

LOURDES
Sin gafas no veo.

CHUS
(Leyendo del móvil)
"Apariciones en la carretera
de Vicálvaro: Un grupo de
videntes capitaneado por
una mujer que asegura estar
en contacto permanente con
la Virgen ha cortado el
tráfico está madrugada en
la carretera de Vicálvaro
a la altura de la fábrica
de contenedores. El suceso
ha tenido poca incidencia
en el tráfico rodado porque
ha tenido lugar a las tres
y media de la mañana, pero
testigos presenciales
y vecinos de las casas
colindantes confirman la
aparición de unas extrañas
luces que se movían
frenéticas por todas partes
y que no les dejaban dormir.
En la imagen, de rodillas, la
protagonista en éxtasis del
supuesto milagro."
(Le enseña el móvil a
Lourdes)
¿Es o no es tu amiga María?

LOURDES
Jóder, María...

CHUS

No sé qué jueguecito os
traéis entre las dos, pero
esto empieza a pasarse de
castaño oscuro.

LOURDES

De jueguecito nada. Es la
virgen. Lo que no sé es qué
hacen en la Carretera de
Vicálvaro. Y a esas horas.

CHUS
¿Qué haces?

LOURDES
(Tecleando el móvil)
Llamarla. Necesito hablar con
ella.

CHUS

¿Con María? Imposible. Está
ilocalizable desde ayer.

LOURDES

Con ella no. Con la Virgen.

CHUS
(Mirándola asombrada)
Mira. Si creéis que voy a
caer en la trampa otra vez,
estáis muy equivocadas. No
pienso salir de casa, ni
moverme, traméis lo que
traméis.

LOURDES
No es ninguna trampa.

CHUS
Ya. Como cuando me dijisteis
que habían pillado a mi madre
con droga en el aeropuerto y
me hicisteis correr a Barajas
a las cuatro de la mañana a
depositar la fianza.

LOURDES
Es distinto. Lo de la Virgen
es verdad.

CHUS
También era verdad que mi
madre venía de Benidorm con
el Imserso. Qué vergüenza
pasamos...

LOURDES
Escucha. ¿Tú crees que María
se prestaría a una broma así
tratándose de religión, de
Dios, de cosas tan sagradas
para ella?

CHUS
(Reflexionando)
La verdad es que no.

LOURDES
(Sacando su teléfono)
Pues ayúdame a localizar a
María.

CHUS
¿No era la Virgen con quien
querías hablar?

LOURDES
Sí. A través de María.

Desde este momento las dos hablan sin
dejar de teclear en sus móviles.

CHUS
¿Y no se te aparece a ti
también la Virgen?

LOURDES
No. A mí no. Desde que se
le aparece a María, conmigo
ya no quiere saber nada. La
negué.

CHUS
¿La negaste?

LOURDES
Sí. La negué. La rechacé. Ya
ves. Era un incordio lo que
me proponía. Salvar el mundo
y todo eso. De aquí para allá
todo el tiempo. Un marrón.
Así que la dije que nones.

CHUS
Ya. Y como tú le diste puerta
a la virgen, pues se fue con
María.

LOURDES

Exacto. Tú también podías
ser ahora la que estuviese
arrodillada a las tres de la
mañana en Vicálvaro, si te
hubiera elegido a ti la otra
tarde. Pero prefirió a María.
Normal.

CHUS
(Asombrada)
Pero Lourdes. ¿Tú te estás
escuchando? ¿Sigues todavía
mezclando cerveza con las
caipiriñas?

LOURDES
La negué. Sí. Pero ahora
necesito hablar con la
Virgen.

CHUS
Nada. Inútil. No responde.
¿Y por qué necesitas hablar
ahora con la Virgen?

LOURDES
Porque he conocido a alguien.

CHUS
¿Y qué? Has conocido a
alguien muchas veces sin
necesidad de ir a hablarlo
con la Virgen.

LOURDES
Esta vez es diferente.

CHUS
Y siempre dices que es
diferente.

LOURDES
Esta vez sí. Es un tipo
encantador. Maravilloso. Es
atractivo sin ser creído,
excelente persona, sincero,
sensible, cariñoso, sentido
del humor...

CHUS
¿Y todo eso lo has
descubierto (mira el reloj)
hace tres horas?

LOURDES
¿Para qué más? A los cinco
minutos ya me bastaba.

CHUS
No, si ya te vi. Se te caía
la baba a chorros.

LOURDES
Es encantador.

CHUS
Ya. Y quieres a la Virgen
para darle las gracias.
Normalmente es al revés.

Primero se acude a la Virgen
y luego surge el chollo.

LOURDES
No. Quiero a la Virgen porque
es un meapilas. Quiero que
se le aparezca e interceda
por mí. José María cree que
no soy lo suficientemente...
piadosa. Que soy frívola y
malhablada. Ya ves. Yo.

CHUS
Ya ves. Tú.

LOURDES
A ver si el gilipollas opina
lo mismo cuando me vea del
brazo de la mismísima Virgen.
Ya me estoy imaginando su
cara...

CHUS
O sea, que acaba de conocerte
y ya quiere cortar contigo.
La historia de tu vida.

LOURDES
(Obcecada con el teléfono)
No. Esta vez no, si logro dar
con la puta...

Llaman a la puerta.

LOURDES
¡María, por fin!

Lourdes sale corriendo a abrir. Pero no es María. Es Charo, la amiga seria y delgada.

> CHARO
> Hola.

> LOURDES
> (Desinflada)
> Ah, eres tú. Hola.

> CHARO
> ¿Habéis visto a María? Llevo días intentando hablar con ella.

> CHUS
> Ponte a la cola. Ésta (por Lourdes) tiene preferencia. Necesita contactar con la Virgen para seguir echando polvos.

Cara de perplejidad en Charo.

> LOURDES
> ¿Y tú, para qué quieres hablar con María?

> CHARO
> Para que me cuente lo de la tele. ¿No la habéis visto?

> CHUS
> ¿En la tele? No.

CHARO
Una entrevista. En Libertad
Digital.

LOURDES
¿En Vicálvaro?

CHARO
No. En el estudio. Media hora
de entrevista. Y otra más
corta en Hossana tv. ¿Pero no
la habéis visto?

CHUS
No, hija. A esas cadenas solo
estás enganchada tú.

CHARO
Yo no. Me lo dijo mi madre.
Resulta que María se está
haciendo famosa por lo de la
Virgen.

LOURDES
(Tecleando el móvil con
urgencia)
Tengo que hablar con ella. Yo
tengo que hablar con ella.

ESCENA 22
INT. PISO - DÍA

Lourdes toca el timbre de la puerta
de una casa desconocida. Al cabo de

unos segundos, abre una joven con un
walki-talki.

                    LOURDES
                 (Sorprendida)
              ¿Quién eres tú)

                    MUJER
             ¿Quién es usted?

                    LOURDES
          ¿Que quién soy yo? ¿Y quién
          voy a ser? Lourdes, amiga de
                 María. ¿Y tú?

                    MUJER
          ¿Tiene cita con María?

                    LOURDES
                   ¿Cita?

                    MUJER
          Un momento. (Habla por el
                 Walki talki)
          Una mujer. Dice ser amiga de
          María. No. No tiene cita...
          (A Lourdes. Ligera sonrisa)
          Un momento. En seguida...
          Otra vez es mejor pedir cita.
          Tenemos página web. Ahí
                   puede...
              (Al walki-talki)
          ¿Sí? De acuerdo.
               (A Lourdes)
          Pase usted. Al fondo, por
                este pasillo.

LOURDES
(Indignada)
Ya conozco la casa. Sé donde
está todo.

Inmediatamente otra mujer se pone
delante de Lourdes y la precede por
el pasillo.

MUJER 2
Sígame. Es por aquí. Otra vez
es mejor que pida cita.

Lourdes camina detrás de ella con
gesto de incredulidad. El piso es
pequeño, así que en dos pasos han
llegado hasta el salón, donde María
está sentada en medio de la estancia.
Un chico le está haciendo la
manicura. A su lado, otra mujer habla
por manos libres con un micrófono en
la boca. Por señas, María le dice
que sí, o que no. En un rincón, una
chica está tecleando en el ordenador.
En el balcón, un señor está
encaramado a una escalera y aspirando
cuidadosamente las cortinas.

MARÍA
(Cariñosa, abre los brazos)
¡Lourdes! Perdona el
desorden. Es que esta tarde
vienen los de Telemadrid.

Lourdes está sorprendida, más bien apabullada. Se acerca a María pero no sabe qué decir.

MARÍA
(Abrazando a Lourdes, sin levantarse)
No importa que no hayas pedido cita. Siempre tengo unos minutos para una amiga.

LOURDES
¿Qué es todo esto?

MARÍA
¿Esto? Nada en absoluto, comparado con lo de ayer, cuando estuvo Bertín. Eso sí que fue jaleo.

MUJER CON EL MANOS LIBRES
El confidencial.

MARÍA
(A la mujer)
No. Hoy solo teles.
(A Lourdes)
Bueno, Lourdes, ¿Qué me querías decir? Ya sabes que siempre tendré un hueco para ti, por pequeño que sea.

LOURDES
¿Me estás apremiando?

MARÍA
Al contrario. Quiero
atenderte como se merece una
amiga. Dime, ¿qué puedo hacer
por ti?

LOURDES
Pues...es...

MARÍA
Sobre la Virgen.

LOURDES
Pues sí.

MARIA
Claro. Toda nuestra vida gira
en torno a la Virgen.

LOURDES
Pues verás. Es que quería...
te va a parecer sorprendente.

MARÍA
En absoluto. El alma humana
no esconde ninguna sorpresa
para nosotras.

LOURDES
Al decir nosotras, te refieres
a...

MARÍA
Exacto.

LOURDES
Bueno, pues verás. Es que
...desde que está contigo, a
mí no se me...

MARÍA
Ya me ha dicho. Qué
oportunidad te perdiste.
Hija, ¿Cómo eres tan
descastada...?

LA CHICA DEL ORDENADOR
¡Treinta mil seguidores!
¡Viva la Virgen!

TODOS MENOS LOURDES
¡Viva!

LOURDES
¿Ya te ha dicho? Bueno, pues
el caso es que... me haría
falta hablar con la Virgen.

MARÍA
Pues habla con ella.

LOURDES
Es que no ya no se me
aparece.

MARÍA
Pues habla. Habla con ella.
Está ahí, en la cocina.

LOURDES
¿Que está en la cocina...?

MARÍA
Sí. Corporeizada. Friendo
unos boquerones. Aprovecha.
Es que dice que no quiere
estar mano sobre mano.
(Sonrisa beatífica) Es más
humilde...

LOURDES
Ah, vale. Entonces...voy a...

MARÍA
(Susurrando)
Claro. No te preocupes por
éstos. Se creen que es una
voluntaria más.
(En alto, a la mujer del
manos libres)
Gertrudis, si es La Razón,
sí, pero nadie más. Hoy solo
teles.

Lourdes se dirige a la cocina.
Abre la puerta y ve a la Virgen
enharinando boquerones y echándolos
luego a la sartén. Hace calor. La
Virgen se quita el sudor de la frente
con el dorso del guante.

Al ver a Lourdes, sonríe.

VIRGEN
Hola, Lourdes.

LOURDES
Hola, María.

La Virgen no para. Abre estanterías, saca aceite, coloca utensilios, prepara ensaladas... Con una espumadera saca los boquerones fritos y los coloca en una fuente.

Lourdes se acerca a la cocina y abre el extractor.

> VIRGEN
> Claro. Mejor.

Silencio. La Virgen, con la espumadera en la mano, vigila los boquerones. Lourdes no sabe cómo empezar.

> VIRGEN
> ¿Qué tal?

> LOURDES
> Bien. ¿Qué tal tú, con María?

> VIRGEN
> Bien. Muy bien. Es muy maja.

> LOURDES
> Ya te lo dije. Y muy fervorosa. Es más de tu cuerda.

> VIRGEN
> Bueno, eso es lo de menos. Pero sí, está entregada con mucha ilusión.

LOURDES
¿Ya le has...transmitido el
mensaje?

VIRGEN
Todo a su tiempo. Ahora lo
que importa es que la vayan
conociendo.

LOURDES
Claro.

VIRGEN
No creas que lo hago todo el
tiempo.

LOURDES
¿El qué?

VIRGEN
Corporeizarme. Es que de vez
en cuando me viene muy bien
estar así, me veo más cerca
de vosotros.

LOURDES
Claro.

VIRGEN
Y también por cambiar. Es
divertido. Ayer estornudé.

LOURDES
¿Ah, sí?

VIRGEN
Sí. Dos veces.

LOURDES

Ah, qué bueno. Oye, María...

VIRGEN

Dime, Lourdes. Perdona por entretenerte, venías a pedirme algo. Ya se que te ha concedido poco tiempo porque tiene ahora una entrevista.

LOURDES

No, si también es por verte y... bueno, mira, el caso es que he conocido a un chico.

VIRGEN

Ah, qué bien. Me alegro mucho. Por los dos.

LOURDES

Sí. Es muy majo. Y fíjate lo que son las cosas. Resulta que es muy devoto, muy creyente, muy de...

VIRGEN

Me alegro mucho. Pero ya te he dicho que eso no es lo relevante. Lo que de verdad importa es lo que hay dentro de vosotros, en vuestros corazones.

LOURDES

Bueno, pero ayuda, ¿no?

VIRGEN
Claro que ayuda. Ayuda mucho.
Pero más importa que os
queráis.

LOURDES
Bueno, tanto como eso.. es
pronto, pero sí, la idea es
que... en fin, el caso es
que él no lo tiene muy claro
conmigo, cree que soy un
poco...atea.

VIRGEN
(Socarrona)
¿Un poco?

LOURDES
Bueno, ya no, claro. No soy
gilipollas. Perdón. Pero el
caso es que...

VIRGEN
¿Es que qué?

LOURDES
Pues que piensa dejarlo. Lo
nuestro. Cortar. Y yo no quiero
que eso ocurra. Apenas le
conozco pero le he cogido mucho
cariño, presiento que es el
hombre de mi vida. Así que...

VIRGEN
(Seria)
¿Así que qué?

LOURDES
Pues que me vendría muy bien
que me echaras una mano, que
te nos aparecieras... así él
vería que yo también estoy en
vuestra onda, y que...

VIRGEN
¡No!

LOURDES
¿Cómo?...

VIRGEN
(Mirándola fijamente)
No. Ahora, no.

La Virgen se pone a llorar.

LOURDES
María, por favor, no
llores...

VIRGEN
No estoy llorando. Es la
cebolla.

LOURDES
¿Qué cebolla?

La Virgen pasea rápidamente la vista
por la encimera, saca una cebolla
y la parte a cuadraditos con gran
pericia. Sin embargo, se detiene y
baja la cabeza. Sigue llorando.

LOURDES
María, por favor...

VIRGEN
Con la esperanza que tenía
de que fueras mi amiga, que
transmitiéramos juntas el
mensaje y ayudáramos a la
humanidad. Tú y yo. Ahora
incluso dudo de mi propia
habilidad para elegir a
mis amigos, para juntar mi
rebaño...

Lourdes se acerca a la Virgen, quiere
consolarla.

Pero la Virgen repara en que los
boquerones se están quemando y salta
rápidamente sobre ellos, espumadera
en ristre, para sacarlos de la
sartén.

Más tranquila, la Virgen sonríe.
Coloca meticulosamente los boquerones
en la fuente para que hagan dibujo.

VIRGEN
Mi hijo tenía un amigo
pescador que nos dio una
receta estupenda para los
boquerones. (Suspira) Pero
a María le gusta más la
fritura.

La Virgen apaga el fogón. Se quita los guantes. Coge la bandeja de boquerones y se dispone a salir de la cocina.

Pero antes, coge un boquerón de la fuente y se lo pone a Lourdes en la boca.

                    VIRGEN
                 (Sonriente)
              ¿Qué tal están?

                    LOURDES
                 (Masticando)
            Bien. Un poco salados.

                    VIRGEN
                (Sorprendida)
                 ¿Salados?

                    LOURDES
                 Éste sí.

                    VIRGEN
         (Resignada, se encoge de
                  hombros)
            Ya no tiene remedio.

Sale de la cocina con la bandeja. Pero antes se vuelve a Lourdes.

                    VIRGEN
            ¿Dónde vais a estar?

                    LOURDES
                 ¿Quién?

                    VIRGEN
         Quién. Quién va a ser. Tu
         chico y tú.

                    LOURDES
         (Ilusionada)
         Ah, pues...

                    VIRGEN
         Es broma. No hace falta que
         me lo digas, ya me enteraré.
         Es lo bueno de corporeizar,
         que me entran ganas de gastar
                    bromas.

ESCENA 23
EXT. DESCAMPADO - NOCHE CERRADA

Un descampado. Noche cerrada. Unos faros
de automóvil se acercan a la cámara. El
coche se detiene. Es un taxi.

De él se bajan Charo, Chus, y la Tía
Hortensia.

Nada más poner pie a tierra, la
tía Hortensia sale con paso vivo.
Le siguen Charo y Chus. Apenas la
alcanzan.

                    TAXISTA
         (Saliendo del taxi)
         ¡Eh, oigan, que tienen que
         abonarme la carrera!

TIA HORTENSIA
(Sin pararse ni mirar atrás)
Id pagando, hijas, que yo voy
a ver si...

CHUS
(Detrás de la tía)
¡Hortensia, espere, que esto
está muy oscuro y vamos a
darnos la gran leche!

Charo, la amiga delgada, se las queda
mirando. Le toca pagar.

CHARO
(Al taxista, mientras paga)
¿Hay parada de taxis aquí en
Vicálvaro?

TAXISTA
No creo. Pero no se preocupe
que con el lío de la vidente
ésa, alguno se acercará.

Charo emprende la marcha tras de Chus
y la tía Hortensia, que va en cabeza.

Al poco, la tía se detiene ante un
cordón, tras el cual se apila un
grupo de curiosos. En seguida llega
Chus, y poco después Charo. Se quedan
las tres juntas mirando a lo lejos,
tras el cordón. Charo levanta el
brazo y señala.

CHARO
Mire, Hortensia, ahí está
María. ¿La ve? ¿La ve?

TIA HORTENSIA
¿Cuál? ¿La que está de
rodillas, con los brazos en
cruz, con un foco de luz
sobre la cara, con fotógrafos
alrededor, y un par de
cámaras grabando? Desde
luego, Charo, tú para espía
no tenías precio.

CHARO
(Ofendida)
Hortensia, ya que hemos
tenido el detalle de
acompañarla, no está bien que
me...

TÍA HORTENSIA
(Sin hacerla caso)
¡Oiga, joven!

La tía gesticula y llama la atención
a un joven robusto que está detrás
del cordón vigilando a la gente para
que no lo traspase. Al principio no
hace mucho caso, pero la tía insiste
y el joven se acerca.

TÍA HORTENSIA
(Hablando muy deprisa)
Hola, joven. Mire, soy

Hortensia, muy amiga de María a través de Lourdes, otra buena amiga de María y que es mi sobrina, y que es justamente la que al principio estaba destinada a ser la emisaria de la Virgen, pero que al final delegó está potestad en María y por eso está ella allí ahora. Yo he venido a ofrecerme a María como secretaria particular en todo lo referente a los asuntos de la Virgen, pues soy vidente de profesión y al mismo tiempo muy amiga de otras videntes de la Virgen que se aparecieron en otro tiempo y otro momento, que no viene ahora al caso mencionar, por lo que tengo mucha experiencia en apariciones marianas. Se preguntará usted que por qué tengo que venir aquí y así, siendo como soy amiga de María, pero es que estas dos chicas también son amigas de María, no tanto al parecer como para saber concertarme una visita con ella, por lo que no he tenido más remedio que desplazarme hasta aquí

al saber que María había
anunciado que la Virgen se
aparecería aquí en Vicálvaro
esta noche. Así que si no le
importa, joven ¿puede llamar
a María y comunicarle que
estoy aquí, La tía Hortensia,
que quiero hablar con
ella...?

El joven robusto, después de mirar un
rato en silencio a la tía Hortensia,
acerca a la cara el walki-talki.

                    JOVEN
          Que aquí hay una tal
          Hortensia.

Espera respuesta. Todos esperan.

                    JOVEN
          Que si es usted de
          Telecinco...

La tía niega con la cabeza.

                    JOVEN
          (Al walki-talki)
          No.
          (Espera respuesta. Le llega.)
          Ahora no puede, que está en
          el éxtasis. Mañana si eso
          puede dejar el currículum en
          la página. Los leemos todos.

El joven se aleja hacia otra parte del cordón donde se apiñan más curiosos.

Rostros chafados de la Tía Hortensia y las dos amigas.

> TÍA HORTENSIA
> (Resignada. Después de un
> rato)
> Vámonos, niñas. Que como sea
> un éxtasis de los largos, nos
> dan las tantas.

> CHARO
> (Al joven, ahuecando las
> manos en la boca)
> ¿Sabe si hay parada de taxis?

ESCENA 24
EXT. PUERTA DE IGLESIA – DÍA

Escalinatas de acceso a una iglesia. José María, el ligue meapilas de Lourdes, pasea por ellas de un lado a otro. Impaciente, mira el reloj.

Lourdes aparece a lo lejos, se acerca con la mejor de sus sonrisas. Saluda con la mano antes de llegar. Viene vestida como para una boda: elegante vestido rojo, importantes tacones, bien maquillada, grandes pendientes de aro.

Dos besos a José María y la más amplia de sus sonrisas. José María sonríe cortésmente, con mucho menos énfasis.

                    LOURDES
        Ya verás. Vas a alucinar.

José María suspira resignado. Lourdes se cuelga de su brazo y suben la escalinata de la iglesia.

ESCENA 25
INT. IGLESIA - A CONTINUACIÓN

Lourdes y José María se han puesto en la primera fila de la iglesia. No hay nadie más dentro. Solo ellos. Tal vez una señora reza en las últimas filas.

                  JOSÉ MARÍA
                 (Susurrando)
        No sé qué pensar, Lourdes.
        Espero que no sea una broma,
        aunque no me creo que seas
        capaz de llegar tan lejos sin
                 un motivo.

                    LOURDES
        Calla y verás. Tú reza si
        quieres, eso siempre ayuda.

José María mueve la cabeza con escepticismo. Cierra los ojos y mueve también los labios como si efectivamente estuviera rezando.

Lourdes sigue sonriendo, confiada, aunque se diría que hay un cierto nerviosismo en su sonrisa. Para asegurar el tiro, baja la cabeza y reza también.

Así transcurre un buen rato. De vez en cuando José María se vuelve a Lourdes y la mira escéptico, como pidiendo explicaciones. Lourdes mueve la cabeza afirmativamente, confiada, sonriente. Tal vez demasiado sonriente. Cuando José María vuelve la mirada al altar, Lourdes tuerce la sonrisa y esboza un indudable signo de preocupación. Vuelve a bajar la cabeza y a rezar, ahora con más énfasis.

De pronto, José María abre mucho los ojos, como con asombro. Tanto, que Lourdes se da cuenta.

José María abre ahora también la boca. Está estupefacto. Se pone de pie, abre los brazos. Esboza una amplia sonrisa. Cae de rodillas y así queda, sonriente, de rodillas, brazos en cruz, con la mirada en algún punto fijo del altar.

Lourdes sonríe aliviada. Mira ella también hacia el altar, pasea la vista por los alrededores, pero no ve nada. No importa. Quien tiene que verlo es José María.

Lourdes, entusiasmada, cierra los puños con los pulgares hacia arriba y los agita agradecida.

José María asiente repetidamente, la mirada en el altar. Tiene una sonrisa beatífica.

Lourdes también asiente, aunque solo por contagio solidario, porque no sabe lo que está pasando.

Finalmente, José María se pone en pie. Ceremonioso, despacio, sonrisa iluminada, hace la señal de la cruz y cruza fervorosamente las manos sobre los labios.

Se da la vuelta y sale despacio de la iglesia, a paso de procesión. Lourdes le sigue, un poco por detrás.

ESCENA 26
EXT. A LAS PUERTAS DE LA IGLESIA – A CONTINUACIÓN

JOSÉ MARÍA
(Sonriente, todavía
extasiado)
Tenías razón. Es maravilloso.

LOURDES
Pues claro que tenía razón
¿No te lo dije?

JOSÉ MARÍA
(Sin mirarla, con la vista al
frente)
Es maravilloso. He hablado
con la Virgen.

LOURDES
¿Ves ahora, como sí?

JOSÉ MARÍA
Tenías razón. Era todo
cierto.

LOURDES
Claro que era cierto.

JOSÉ MARÍA
Gracias, Lourdes, gracias.
Dios mío. Qué feliz soy.

LOURDES
Bueno, ¿Y qué te ha dicho?

JOSÉ MARÍA
Es el día más feliz de mi
vida. Y todo te lo debo a ti.
Gracias, Lourdes.

LOURDES
No se merecen. Pero ¿qué te
ha dicho?

JOSÉ MARÍA
Que te deje.

LOURDES
¿Cómo?

JOSÉ MARÍA
Que te deje inmediatamente.
Que no estamoshechos el uno
para el otro.

LOURDES
¿Que no estamos...? Oye, pero
tú...¿Pero tú con quién has
hablado?

JOSÉ MARÍA
Con la Virgen. Me ha dicho
que vuelva con Asunción. Que
tú no estás preparada en
absoluto para formar conmigo
una vida instalada en el
fervor y en el sano regocijo
de la religiosidad.

LOURDES
¿Eso te ha dicho la...?

JOSÉ MARÍA
Adiós, Lourdes. Hasta
siempre. Te estaré
infinitamente agradecido por
lo que hoy has hecho por mí.

LOURDES
Pero... ¿Cómo adiós? Vamos a
hablarlo. Vamos a tomar algo
y ...

JOSÉ MARIA
Infinitamente. Ciegamente.
Profusamente. Gracias,
Lourdes. Gracias. Adiós.

Se va sin mirarla, con la vista al
frente, todavía extasiado.

LOURDES
Pero bueno... ¡José
María!...¡Oye!

Lourdes, manos en jarras, altos
tacones, rojo vestido y grandes
pendientes de aro, observa impotente
como José María se aleja.

Mira al cielo. Mueve la cabeza arriba
y abajo con reprobación.

LOURDES
¿Será p...?

Se queda con la p inflándole los
mofletes. Vuelve indignada a la iglesia.
Entra deprisa, casi corriendo.
Tanto, que se le tuerce el tacón.
Verdaderamente son tacones muy altos.

Avanza deprisa por la nave y gana en
seguida la primera fila. Allí se queda
mirando de muy malas maneras el altar.

LOURDES
(Indignada, en voz muy alta)
¿Qué? ¿Qué le has dicho...?

¿Esa es tu manera de arreglar
las cosas, bonita? ¿Así
entiendes tú la amistad? ¿Así
es como haces los favores?

Una cabeza se asoma tímidamente por
la sacristía.

Lourdes se vuelve indignada y toma el
camino a la salida.

ESCENA 27
INT. MISMA IGLESIA - DIA

Lourdes está de pie en la primera fila
de la iglesia, en el centro, mirando
con indignación hacia el altar.

Es otro día, porque ahora va con
vaqueros y blusa blanca, sin
maquillaje y sin tacones. Las manos
en las caderas.

                    LOURDES
                (A intervalos)
        Sal. Venga. Sal. Te escucho.
        Atrévete. Vamos. Dímelo a la
          cara. No tengas miedo. Yo
          escucho todo lo que tengas
          que decirme. ¿Y tú eres la
          que querías que fuésemos
                    amigas?
        ¿Así es como tratas tú a las
                    amigas?

Una cabeza vuelve a asomarse tímidamente por la sacristía.

Lourdes se vuelve indignada y toma el camino a la salida.

ESCENA 28
INT. CASA DE LOURDES - NOCHE

Lourdes está sentada en el sofá, mirando la televisión mientras teclea en el móvil. Termina de teclear y pone el teléfono en la oreja.

> MÓVIL
> Está usted llamando a María, la humilde vidente de nuestra excelentísima Señora. Si su llamada es para concertar una entrevista en televisión, pulse o diga uno. Si su llamada es para concertar una entrevista de radio o prensa escrita, pulse o diga dos. Si su llamada tiene un interés particular o está relacionada con una donación, pulse o diga tres. Para cualquier otra consulta, pulse o diga cuatro.

LOURDES
(Susurrando)
Qué gilipollas te has vuelto.
(Gritando)
¡Cuatro!

MÓVIL
Todos nuestros operadores
están ocupados. Por favor,
espere. Mientras, rece.
(Aleluya de Haendel)

María suelta el móvil con brusquedad.
Se levanta y va hacia un rincón donde
está el ordenador.

Se sienta. Teclea. Entra en la página
de María, llena de imágenes de la
Virgen, de fotos de María en éxtasis,
y otros motivos religiosos.

Pincha en "Pedir cita". Se abre un
cuestionario: nombre, apellidos,
domicilio, teléfono, DNI,
estado civil, profesión o grado
eclesiástico, santuarios visitados,
aficiones, peregrinaciones, motivo de
la cita.

LOURDES
(Teclea)
Mandaros a las dos a …
(Borra. Teclea de nuevo)
María, por favor, necesito
verte.

ESCENA 29
EXT. BOSQUE - DÍA

Un coche pequeño y algo destartalado
atraviesa a gran velocidad un bosque
de altos árboles y frondosa espesura.

Lourdes está al volante. Su rostro
mantiene la misma indignación que
gastaba en la iglesia.

ESCENA 30
EXT. VERJA EN EL BOSQUE - DÍA

La espesura se aclara. El
destartalado vehículo se detiene ante
una gran verja que corta el sendero
de tierra.

Apenas el coche ha frenado, los dos
grandes portalones de la verja se
abren despacio. Lourdes apenas puede
esperar a que los portalones acaben
de abrirse para reiniciar la marcha e
introducirse entre ellos.

ESCENA 31
EXT. CASONA PALACIEGA - DIA

El sendero acaba en una amplia
explanada frente a una gran casona
palaciega en mitad del campo. Jardín
muy cuidado. Setos perfectamente

recortados. Flores de todos los colores.

Lourdes aparca en un lateral de la amplia explanada. Sale del coche y camina hacia la casona. Sube las escalinatas y se planta ante el enorme portalón. Llama al timbre. Un ding-dong muy elegante resuena. Al cabo de unos segundos, la puerta se abre.

La misma chica que le abrió la puerta en la casa de María le abre también aquí. El mismo walki-talki.

Lourdes saca el teléfono y le enseña el código QR. La chica comprueba el código con un lector. Habla por el walki-talki. Leve sonrisa a Lourdes mientras espera respuesta.

> CHICA DEL WALKI-TALKI
> Adelante. La está esperando.

En seguida, la otra chica que la condujo por el pasillo de casa de María toma el relevo y precede a Lourdes por el amplio vestíbulo que llega hasta una elegante escalinata. Suben. La chica siempre dos metros por delante.

> CHICA
> (Volviéndose)
> ¿De verdad es usted amiga de María?

LOURDES
Ya no estoy tan segura.

CHICA
Qué orgullosa debe sentirse
usted. Qué emocionante debe
ser conocer bien a María.

LOURDES
No te creas.

CHICA
¿Cómo es ella en la intimidad?

LOURDES
¿Que cómo es María? Pues ya te
digo yo que...
(Se contiene)
Tiene sus cosas.

Al fondo vislumbran la silueta de
María. Está arrodillada.

Se acercan a ella. Ahora ven que al
lado de María hay un pintor que la
está retratando. También hay otro
joven haciéndole la manicura. María
está arrodillada sobre unos mullidos
cojines. Al fondo, encaramado a una
escalera, también está el joven que
aspiraba las cortinas.

MARÍA
Lourdes. Qué bien. Llegas
justo para el Ángelus. Y para
la merienda.

LOURDES
¿Qué haces aquí?

MARÍA
Tienes razón. Tenía que
haberme puesto junto al
ventanal. Con la luz de cara.

LOURDES
Digo en esta casa.

MARÍA
Chicos, ¿podéis dejarnos un
ratito solas?
(El pintor y el manicura se
retiran en seguida)
Nada. Un empeño de la Condesa
de Becerril. Que este lugar
resulta más propicio a los
fines de la difusión del
mensaje. Más aura, mejores
vibraciones. Y se ve la
Sierra. En fin, yo estaba a
gusto en mi casa, pero...

LOURDES
¿Y tanta manicura necesitas?

MARÍA
Las televisiones. No sabes lo
importante que es en pantalla
el lenguaje de las manos. La
decosas que dicen las manos
si tú saberlo.

LOURDES
También consejo de la condesa
de Becerril...

MARÍA
Tiene mucho mundo. Ya te la
presentaré. Pero me dijiste
que necesitabas hablarme.

LOURDES
Sí.

MARÍA
(Sonriendo)
A mí, o a...

LOURDES
Pues, más bien a...

MARÍA
(Seria)
Pues no va a poder ser. No
está.

LOURDES
¿No?

MARÍA
No. ¿Tú crees que la Señora está
aquí a nuestra disposición,
que va a estar permanente y de
guardia cada vez que necesitemos
algo de ella?

LOURDES
No, ya. Como sí estaba la
otra vez... pues pensé...

MARÍA
(Sonriendo picarona)
Sí está.

LOURDES
(Aliviada)
¿Sí?

MARÍA
(Generosa)
Sí, tonta. Ahí está, en ese
cuartito, viendo la tele. Le he
puesto la Vida de Brian y se está
descojonando. Oye, no creas que
la Señora se pasa aquí siempre el
santo rato, corporeizada.

LOURDES
Entonces...¿Puedo?

MARÍA
Claro, pasa y aprovecha, que
mañana con la fresquita nos
vamos de tourné. Vamos a
hacer el circuito del norte.
Empezaremos en el Burgo
de Osma y si todo va bien
acabamos en Mondoñedo.

Lourdes se queda perpleja,
pero decide no contestar. Se
encamina al cuartito.

MARÍA
Oye, ¿Cómo haces para
aparecer justo en los
momentos en que está ella?

LOURDES
Ya ves. Se me dan bien las
apariciones.

ESCENA 32
INT. CUARTITO DE LA TELE - A
CONTINUACIÓN

Lourdes abre con sigilo la puerta del
cuartito y asoma la cabeza.

Allí, en medio de la pequeña
estancia, está la Virgen, sentada
en el suelo, viendo la tele. Sonríe
continuamente. A veces estalla en
abierta carcajada. En la pantalla,
la madre de Brian propina a éste una
sonora bofetada mientras la desnuda
Judit se interpone para que no le
siga zurrando.

LOURDES
Hola, María.

La Virgen, sorprendida, se vuelve.
Todavía se está riendo.

VIRGEN
Hola, Lourdes.
(Señalando la tele)
Yo no soy así, ¿verdad?

LOURDES
A mí no me hace gracia.

VIRGEN
(Súbitamente seria)
Tienes razón. Es un poco
blasfema. No tendría que
reírme con esto.

LOURDES
No, quiero decir que está
película a mí nunca me...

La Virgen coge el mando y congela la
imagen. Se ve que no quiere perderse
detalle. Se levanta.

VIRGEN
Me gusta estar aquí porque
en la tierra las cosas son
muy sencillas. Aquí hablas,
te ríes, estornudas, el
tiempo transcurre en un
solo sentido. En cambio
allí arriba todo es más...
complicado. A veces no sé
si alguna vez he existido
realmente o soy el producto
de millones de corazones que
anhelan mi presencia. Pero tú
no has venido a hablar de mí.

LOURDES
Pues no. O mira, tal vez sí.

MARÍA
A ver.

LOURDES

Yo no sabía que eras tan
rencorosa.

MARÍA

(Se le congela la sonrisa)
Yo no soy rencorosa.

LOURDES

Yo no pensaba que allí arriba
pudierais ser así. Yo creía
que tenías alma, que teníais
por los de aquí abajo más
amor y consideración.

VIRGEN

(Extrañada)
Claro que tenemos amor y
consideración.

LOURDES

¿Y así quieres que sea tu
amiga? ¿Te pido que me
ayudes y te dedicas a hablar
mal de mí, a frustrar mis
esperanzas, a arruinar mis
ilusiones? No, no te pongas a
llorar porque ahora me va a
dar igual.

VIRGEN

No estoy llorando. Y yo no he
hablado mal de ti. Nunca.

LOURDES

¿Ah, no? ¿Y qué le dijiste a José María el otro día, en la iglesia? ¿Qué le dijiste que me rompiste el corazón?

VIRGEN

Yo solo le dije a José María que vuestra relación no iba a funcionar. Que no estabais hechos el uno para el otro.

LOURDES

¿Y eso no es hablar mal de mí? ¿Decirle que no le convengo, que no soy buena para él?

VIRGEN

Yo no se lo dije porque tú no fueras buena para él. Lo dije porque él no sería bueno para ti. Porque eres tú la que te mereces otra cosa.

LOURDES
(Sorprendida)
¿Otra cosa?

VIRGEN

Sí. Te mereces alguien mejor. José María es una excelente persona, pero los anhelos de su corazón están mejor volcados en Asunción,

su novia de siempre, con
quien de verdad forma una
hermosísima unión. Créeme.
Vuestra manera de ver la
vida es muy distinta. y esa
relación os provocaría a la
larga más sufrimiento que
amor.

Lourdes queda pensativa, asimilando
todo lo que le revela la Virgen.

VIRGEN
Escucha...

Con el dedo, la Virgen le pide que se
acerque. Juntas, van hacia la puerta,
la abren y asoman la cabeza con
sigilo. La Virgen señala al joven que
está limpiando las cortinas, subido
a una escalera, con la aspiradora de
mano.

VIRGEN
Le vengo observando hace
varios días. Un   chico
majísimo. Creo que es la
persona perfecta para ti.

LOURDES
¿Para mí? ¿A eso te dedicas
ahora, a buscar con quien
emparejarme?

VIRGEN

Sí. Ya ves que no solo
valgo para separar. Este
es prudente y observador.
Callado pero ingenioso. Y
dice muchos tacos, como tú.
Lourdes, me parece que es tu
opción perfecta.

LOURDES

Pero bueno, María, esto
es el colmo, ¿Qué te has
creído? ¿Que puedes dirigirme
como una marioneta, hacer y
deshacer a tu santa voluntad,
unirme y desunirme a tu
criterio?

VIRGEN

Era solo un consejo...

LOURDES

¿Es que yo no tengo nada
qué opinar? ¿Dónde queda el
libre albedrío? Y no me hagas
pucheros que ahora llevo yo
razón.

VIRGEN

Yo no te impongo nada. Es tu
decisión. Yo solo sugiero por
si no te habías fijado.

LOURDES

(Examinando al joven)
No está mal. Un poco tirilla.

VIRGEN

Poco creyente, como tú. Por
ahí, bien. Y ahorra casi
todo lo que gana. Haríais muy
buena pareja.

LOURDES

Ya veré. Eso es cosa mía.

VIRGEN

Desde luego.

LOURDES

Y tú, ¿Qué? ¿Os vais a ir de
giras, por provincias, como
una compañía de teatro?

VIRGEN

A María le hace mucha
ilusión.

LOURDES

¿Y a ti? ¿Tú estás de acuerdo
con todo este circo?

VIRGEN

Yo hubiera preferido hacer
las cosas de otra manera.
Pero mírala, ¿quién le dice
que no?
(Baja la cabeza y reflexiona)
Tal vez no sea ésta la
mejor manera de difundir
el mensaje. Tal vez es que
María no...En fin, voy a ver
qué pasa en la gira. Luego

al llegar a Mondoñedo ya
veremos.
(Súbitamente animada)
¿Te cuento un secreto?

LOURDES
¿A mí un secreto? No será
algo de lo de Fátima...

VIRGEN
No. Es una cosa muy sencilla.
Mira, el mensaje...

Lourdes se dispone a escuchar con
mucho interés. Ha cruzado los brazos
y asiente intrigada.

VIRGEN
Verás, el mensaje es algo muy
sencillo.

LOURDES
Ajá.

VIRGEN
Muy sencillito. En realidad
no es nada nuevo. Básicamente
paz y amor.

LOURDES
Paz y amor está muy bien.

VIRGEN
Mira, muchas veces os habréis
preguntado por qué escojo
a gente sencilla, de pocos

recursos e influencia para
transmitir el mensaje.

LOURDES
Yo no me pregunto nada. A mí
lo que tú hagas me da igual.

VIRGEN
Tú no. Claro. Pero mucha
gente se lo pregunta. ¿Por
qué no me aparezco en el
Vaticano, en mitad de la
plaza, un día que haya
muchos fieles, y me acerco a
Francisco y lo hablo con él?

LOURDES
Bien mirado sería lo más
práctico. Porque María, a
ver, María es lo que es. Por
mucho que se ponga...

VIRGEN
Pero es que no puedo.

LOURDES
No puedes...

VIRGEN
No. Las cosas hay que
ganarlas con la fe. Allí
me tienen dicho que nada
de atajos. Me permiten
intentarlo en lugares
pequeños, aislados, con gente
humilde, ingenua...

LOURDES
Vaya, gracias.

VIRGEN
...sabiendo que no van a
poder llegar muy lejos. En el
fondo creo que simplemente me
dejan hacer para mantenerme
entretenida. Pero, ¿sabes?

LOURDES
Qué.

VIRGEN
Que ya lo sé. Que tampoco
espero mucho de todo esto.
Soy la primera en presentir
que esto no cuaja. Pero es
igual. Con esta excusa bajo
de vez en cuando y hablo
con vosotros, y hasta me
corporeizo, me da la brisa
en la cara y hago croquetas.
Me gusta mucho estar con la
gente.

LOURDES
Ya. Y ordenarlas su vida
amorosa...

VIRGEN
Créeme. Ese chico es un
encanto. Aunque tiene su
genio.

La Virgen se da la vuelta, se sienta
en el suelo, coge el mando y le da
al play para que siga la película.
Está claro que la conversación ha
terminado.

Lourdes sale del cuartito.

> VIRGEN
> ¿Cómo acaba la peli? ¿Bien?

> LOURDES
> Sí. Más o menos. Todos
> silbando.

ESCENA 33
INT. SALÓN – A CONTINUACIÓN

Lourdes sale del cuartito de la tele,
atraviesa el amplio salón, donde
ya no hay nadie, y se dirige hacia
el chico que le ha dicho la Virgen,
que está encaramado en la escalera,
aspirando las cortinas.

Cuando llega hasta él, que no se
percata de su presencia, se cruza de
brazos, levanta la vista y le mira
hosca, seria, casi con hostilidad.

> LOURDES
> (Desafiante)
> ¿Y tú, qué?

LIMPIADOR
(Con la misma hosquedad)
¿Yo qué de qué?

LOURDES
¿Tú ahí siempre, con las
cortinas?...

LIMPIADOR
A ver. A esto me dedico.

LOURDES
(Tras unos segundos, siempre
hosca y desafiante, cruzada de
brazos)
¿Quieres salir conmigo?

LIMPIADOR
(También hosco, desafiante)
Pues síi.

LOURDES
Pues venga.

LIMPIADOR
(Bajando de la escalera)
Pues vamos.

LOURDES
(Casi enfadada)
Pero habrá que tomar algo
antes,¿no? Para conocerse. Y
coger el coche, porque esto
está en el quinto coño...

ESCENA 34
EXT. EXPLANADA FRENTE A LA CASONA —
DIA

Tres autocares plantados en mitad
de la explanada frente a la
casona. En cada uno de ellos, con
gran tipología, "Gira ecuménica a
mayor gloria de Nuestra Señora de
Vicálvaro". Una gran foto de María en
actitud mística ocupa casi todo el
frontal, en tanto que la imagen de la
Virgen ocupa solo un pequeño lateral.

En torno a los autocares, decenas
de personas trasiegan, algunas
con móviles en mano cursando
instrucciones, otras acercan bultos y
equipajes, los conductores, con gorra
y uniforme, ayudan a organizar el
maletero.

Lourdes y el limpiador de cortinas
contemplan la escena agarrados como
tortolitos, como dos enamorados que
contemplaran extasiados un bello
atardecer. Él la tiene abrazada
por el hombro, como protegiéndola.
Lourdes le abraza por la cintura, su
cabeza apoyada en su hombro y una
sonrisa de infinita felicidad.

LOURDES
Me escribirás...

LIMPIADOR
Todos los días.

LOURDES
(Fingidamente enfurruñada)
¿Todos los días?

LIMPIADOR
Todas las horas.

LOURDES
¿Todas las horas?

LIMPIADOR
Está bien. Habrá algún
momento en el que no te
escriba.

LOURDES
(Besándolo)
Eso está mejor. Espera. ¿Y
por qué habrá algún momento
en el que no me escribas?

LIMPIADOR
Porque estaré ocupado
llamándote.

LOURDES
(Besándolo feliz)
Tonto.

LIMPIADOR
Esbirra.

LOURDES
Aspirante.

En ese momento se acercan Charo y Chus, arrastrando sendas maletas.

CHUS
Venga chicos, dejad algo para la vuelta.

CHARO
Que solo vais a estar separados un mes.

LOURDES
De un mes nada. El lunes en Logroño me incorporo a la caravana. Es que no he podido cambiar turno. ¿Y vosotras? ¿Qué hacéis aquí?

CHARO
Ya ves. María, que se ha empeñado. Dice que echa de menos la amistad verdadera y antigua.

CHUS
O sea, que nos ha llamado antiguas. Pero nos ha nombrado supervisoras de apoyo logístico. Lo uno por lo otro.

CHARO
Dos mil euros por la geta. Sin dar palo.

                        CHUS
              La antigüedad es lo que
                tiene. Yo he pedido
              excedencia de seis meses en
              el ayuntamiento, y luego ya
              veremos. ¡Anda! Pero mira
                quién viene por ahí.

José María, el meapilas del que se
enamoró Lourdes, se acerca a ellas,
muy risueño y cogido de la mano de
una chica igual de sonriente.

                        CHUS
              (A José María, seria,
                    recelosa)
                ¿Has aparcado bien?

La sonrisa de José María se
transforma en un rictus de confusión.

                    JOSÉ MARÍA
                     (Confuso)
                ¿Aquí también hay
            estacionamiento regulado?

                        CHUS
              Te diré. Más vale que hayas
                puesto el papelito.
                   No. Es broma.

La cara de José María pasa de la
confusión a la sonrisa.

CHUS

De broma nada. Soy
supervisora de apoyo
logístico. Claro que lo hay.

La cara de José María pasa de la
sonrisa a la confusión.

CHARO

Venga, Chus, Vamos a meter
las maletas, que luego si no
caben igual tienen que ir en
el coche escoba.

CHUS

Vale, pero luego vuelvo y
miro. (Señalándolo con el
dedo).

Chus y Charo se alejan hacia los
autocares. José María las sigue
con la mirada, confuso y receloso,
pero en seguida recupera la sonrisa
volviéndose hacia Lourdes.

JOSE MARÍA

Asunción, quiero presentarse
a Lourdes. Lourdes, Asunción.
Gracias a Lourdes he podido
ver a la Virgen, aunque solo
fue una vez y no ha vuelto
a ocurrir. Y gracias a ella
también estoy aquí contigo
otra vez.
(Piquito con Asunción)

ASUNCIÓN
(Jovial)
¡Hola!

Lourdes asiente y sonríe sin moverse y sin dejar de coger a Higinio de la cintura.

JOSÉ MARÍA
Y gracias a Lourdes también
me quitó la multa esa
sargento de carabineros
(mirada lejana rencorosa).
Claro que después me puso
otra...

ASUNCIÓN
Cuántas cosas has hecho por
Chema. Y por mí, claro.

Piquito con José María. Lourdes sonríe y asiente, cordial, aunque también puede parecer una sonrisa burlona.

JOSÉ MARÍA
¿Sabes? Tenemos pensado a
hacer algo en agradecimiento
a la Virgen. Vamos a subir al
autocar de rodillas.

Lourdes e Higinio sonríen y asienten, ahora con perplejidad.

JOSÉ MARÍA
De la escalinata al autocar

de rodillas. Por la Virgen.
¿Qué te parece? Para
agradecerle que nos haya
unido de nuevo.

ASUNCIÓN
(Algo aterrorizada)
Bueno, todavía no está
decidido.

JOSÉ MARÍA
No. No está decidido. Bueno,
vamos a acabar de   hacer
el equipaje. Lourdes (mano
al corazón) eternamente
agradecido.

Lourdes se limita a sonreír y
asentir.

JOSÉ MARÍA
(A Asunción, mientras se
aleja)
¿Sabes? Igual podíamos bajar
de rodillas cada vez que
llegamos a...

Asunción se vuelve a mirar a Lourdes
con algo de terror en la cara. La
saluda con la mano. Lourdes devuelve
el saludo simplemente levantando la
cabeza y enarcando las cejas.

LOURDES
(Mientras ve cómo se alejan)

Y pensar que yo estuve una
vez coladita por eso...

                    HIGINIO
                  (Sonriente)
                  ¿Coladita?

                    LOURDES
                  (Besándolo)
            Cinco minutos. Menos.

En ese momento un nutrido cortejo
encabezado por dos fornidos
guardaespaldas, bien trajeados,
gafas oscuras, mirando con recelo
hacia todos los sitios, pinganillos
en la oreja, anuncia la presencia
en la explanada de María, sonrisa
beatífica, camina despacio, como
reflexionando, manos escondidas en las
mangas. Detrás de ella, a respetuosa
distancia, seis o siete personas
hablan por el móvil, dialogan entre
ellos o toman apresuradas notas.

María y su séquito se acercan a la
pareja. Conforme se planta delante
de ellos, sonríe y asiente con la
cabeza, como en señal de grato
reconocimiento.

MARÍA
(Visiblemente satisfecha)
Mi mejor amiga y mi mejor
empleado de mantenimiento,
unidos en el sagrado vínculo
del amor.

Los tortolitos responden con una
sonrisa.

MARÍA
¿Quién lo iba a decir? Todo
dispuesto para salir de gira,
cuando una petición a última
hora de la Virgen lo retrasa
todo. Y gracias a eso os
conocéis.

LOURDES
Si. Qué casualidad.

MARÍA
Bendita casualidad.
Gertrudis, ¿Cuándo fue
exactamente que la Virgen
pidió lo de la capilla en...

GERTRUDIS
(Revisando sus notas)
Doce días. El 14 de
noviembre, a las 18,50, justo
después de la entrevista con
Risto. En el jardín de los
columpios. Un flash cegador

seguido de varias luces
destellantes...

MARÍA
(Interrumpiéndola)
Fíjate qué humilde es la
Señora. Podía haber pedido
su capillita en los Jardines
del Moro, junto al Palacio
Real. O en Siete Picos, allí,
en lo alto de la sierra,
dominándolo todo. Pero no,
la pide en la carretera de
Vicálvaro, junto a la fábrica
de piensos.

LOURDES
(Estrechándose más a él)
Como sea, gracias a eso
he podido conocer mejor a
Higinio.
(Besito)

MARIA
Gracias a la Virgen, dirás.
Todo el plan de gira
trastocado, las visitas a los
ayuntamientos, los rosarios
colectivos, las vigilias
nocturnas, los alojamientos,
que algunos no han devuelto
la fianza... pero mira, por
lo menos salió lo de la
miniserie de Telecinco. Lo
uno por lo otro.

GERTRUDIS
Además la capilla ha quedado
preciosa...

MARÍA
(No muy convencida)
Si. Preciosa. Lástima de
cruce. Allí siempre hay
atasco. Y además no tiene
panorámica. En fin. ¿Quiénes
somos nosotros, humildes
criaturas pero con alta
sensibilidad estética, para
cuestionar los designios de
la Virgen?

TÍA HORTENSIA
¡Maríaa!...

María se vuelve. La Tía Hortensia ha
salido del caserón y se acerca a paso
vivo.

TÍA HORTENSIA
María. El Papa.

MARÍA
¿El Papa de Roma?

TÍA HORTENSIA
No. El del Palmar. Ah, hola,
Lourdes.

Lourdes la saluda tímidamente con la
mano.

MARÍA

Qué pesado. Dile que luego le
llamo.

TIA HORTENSIA

Es que está en
videoconferencia. Tienes que
ponerte ya, María. No puedes
darle más largas.

MARÍA

Está bien. Dile que estoy
en el baño pero que ya voy
saliendo. En fin, chicos. Ya
veis que las servidumbres
de la portavocía mística
la tienen a una siempre en
jaque. Sed buenos y tenedme
en vuestras oraciones.
(Volviéndose)
Qué tío más pesado...

María se aleja con todo su séquito
detrás.

Sin embargo, como si se olvidara de
algo, se vuelve otra vez a ellos.
Pide a su séquito que siga sin
ella. Los dos guardaespaldas, sin
embargo, se quedan cerca, a prudente
distancia.

MARÍA

Higinio, cariño, ¿Puedes
prepararme la túnica

nazarena, que este tipo
seguro que se ha puesto la
casulla? Y si eso ten a mano
el Cebralín.

Higinio corre a la casona.

María se queda a solas con Lourdes.
La mira sonriente, enigmática.

Con la vista señala hacia uno de los
autocares, el más retirado.

> LOURDES
> ¿Está ahí?

> MARÍA
> (Sonríe y asiente con la
> cabeza)
> Se ha empeñado en ver la Bola
> del Mundo. Que ya la he dicho
> yo que no es para tanto.
> Pero en fin, por eso vamos
> por Guadarrama. Al menos que
> conozca Segovia.

ESCENA 35
EXT. DENTRO DEL AUTOCAR - A
CONTINUACIÓN

Lourdes se sube al autocar más
retirado de la explanada. En él no
hay nadie todavía. Solo al fondo,
en el penúltimo asiento, una figura

pequeña y encorvada al lado de la
ventanilla, con la vista baja en el
regazo.

Lourdes atraviesa el estrecho pasillo
del autocar y se dirige hacia ella.

La Virgen está escribiendo en una
pequeña libreta. Cuando   repara en
Lourdes, deja la libreta y le dedica
una cariñosa sonrisa.

VIRGEN

Tomo notas para el mensaje.
Debo tener cuidado con lo
que digo. A veces tengo
la impresión de que no me
explico bien...

LOURDES

Con que una capilla...

VIRGEN

Me pareció una idea bonita.

LOURDES

Ya. En la carretera de
Vicálvaro, que no paran de
pasar camiones.

VIRGEN

Pues a María le ha hecho
mucha ilusión.

LOURDES

Ya. Mira. Sé que todo esto
lo has hecho por mí. Para
retrasar la gira y que
Higinio y yo nos conociéramos
mejor.

VIRGEN

¿Yo? ¿Iba a hacer tal cosa
por ti?

LOURDES

Y tenías razón. Higinio es
encantador.

VIRGEN

(Súbitamente alegre)
¿Verdad que sí?

LOURDES

Estos días han sido los
mejores de mi vida. No sé
como darte las gracias.

VIRGEN

Me sentía un poco responsable
por lo de José María. Me
alegro de haber acertado.

LOURDES

Plenamente. Tienes un ojo
clínico.

VIRGEN

Son muchos años.

LOURDES
¿Y ahora qué, de excursión
hasta Mondoñedo?

VIRGEN
No. Solo un ratito. Nunca
había viajado en autocar.
Bueno, ni en autocar ni
en nada. Pero en cuanto
que bajemos la sierra me
transfiguro de nuevo.

LOURDES
No te pierdes nada. Ya verás
los riñones. En fin. Buen
viaje. Yo os cojo en Logroño.
A mí ya no me separa de
Higinio ni la Virgen.

VIRGEN
(Sonriendo el chiste, pero
pensativa)
No sé si toda esta ocurrencia
de María con la gira es buena
idea.

LOURDES
Que sí. Ya lo verás. Otra
cosa no, pero María, cuando
se pone a organizar, es de un
eficaz que impresiona.

VIRGEN
Ya. Sí. Bueno, mira, tengo
muchas dudas acerca de seguir

con esto. Arriba tampoco
les entusiasman mucho estas
bajadas esporádicas. No
conducen a nada, dicen.
Pero,¿sabes? Al menos he
conseguido una cosa, que
entrara el verdadero amor en
tu corazón. Y solo con eso ya
habrá merecido la pena.

                    LOURDES
Claro que sí. Lo has
conseguido. Muchas gracias,
María. Muchas gracias.

ESCENA 36
INT. PISO DE LOURDES - TARDE-NOCHE

Piso de Lourdes.

                    LOURDES
Gracias, muchas gracias...

Lourdes está dormida en el sillón,
sonriente.

María, Charo y Chus están juntas en
el otro sofá, erguidas, observando
con atención a Lourdes.

                    CHUS
Mira ésta. Se ha quedado
sopa...

                    CHARO
¿Y a quién le está dando las
gracias...?

CHUS
A un mulato. Seguro que está
en el Caribe y le ha hecho un
servicio de habitaciones.

CHARO
(Despertando a Lourdes con
suavidad)
Eh, tú, que nosotras también
nos aburrimos y no por eso
nos echamos a dormir.

Lourdes abre los ojos, aturdida.

CHUS
¿Estás viendo a la Virgen?
Porque si se te está
apareciendo en sueños, eso no
es lo acordado...

Lourdes abre bien los ojos, mira a
todos lados con incredulidad. Repara
en sus amigas. Se sorprende.

LOURDES
¿Qué hacéis aquí?

Repara en María. Ahora abre mucho más
los ojos.

LOURDES
¿Qué haces tú aquí?

MARÍA
Tienes razón. Eso digo yo.
(Levantándose)

Mira. Yo me voy. Lo siento,
Lourdes, pero a mí estas
cosas me parecen una falta de
respeto.

LOURDES
¿Y la gira?...

MARÍA
La gira, dice.

CHUS
Que te has quedado
traspuesta.

LOURDES
¿Traspuesta? ¿Cómo
traspuesta? ¿Desde cuándo
traspuesta?

CHARO
Un ratito. Pero tranquila que
no has roncado.

CHUS
Lo siento, Lourdes, pero yo
me abro. Ya te dije que solo
podía hasta las ocho. He
quedado.

CHARO
(Con guasa)
Ha quedado. A saber a qué le
llamas tú quedar.

CHUS
Vente y asómate si quieres,
pero cuidado no se te caiga
la baba.

LOURDES
Pero entonces...todo ha
sido...

CHUS
Uy ésta. Todavía anda
dormida.

CHARO
Mira Lourdes, si se te
aparece, me llamas y estoy
aquí en seguida. En un
santiamén.

CHUS
En un ave María.

MARÍA
No os riais. Algún día os
vais a arrepentir de burlaros
de estas cosas.

LOURDES
Pero...

Las tres amigas se dirigen a la
puerta mientras hablan.

CHUS
La Virgen te ha hecho
pellas, Lourdes. Asúmelo. De
todas formas, yo que tú me
plantearía seriamente lo de
trasnochar.

CHARO
Y lo de beber.

CHUS
(En la puerta, saliendo)
O trasnocha pero con
infusiones. Hay combinados
que no llevan nada de
alcohol.

CHARO
(Saliendo)
El San Francisco no lleva
nada.

CHARO
(En el descansillo, bajando)
Sí lleva. Granadina. El que
no lleva nada es la Piña
colada.

CHUS
O el Bloody Mary.

María se vuelve, mira con
preocupación a Lourdes y la abraza.
María es tan grandona que a su lado
Lourdes parece un pelele en brazos de
un oso.

MARÍA
(Mientras la abraza)
No te preocupes. Mira,
un primo de mi madre
es sacerdote y además
psiquiatra. Bueno, estudió
psicología... Cuando quieras
vamos a verle.

> (La suelta. La mira. Vuelve a
> abrazarla)
> Precio de familia. Ánimo.
> Mucho ánimo.

Se marcha. Cierra la puerta.

Lourdes, descorazonada, se derrumba
en el sillón.

ESCENA 37
EXT. PISO DE LOURDES - NOCHE

Lourdes sale de su casa con una bolsa
de basura. Baja las escaleras y se
dispone a abrir el portal.

> VOZ
> Chsst...

Lourdes se detiene. El chistido
procede del interior del portal.

> VOZ
> Chssst. Lourdes...

Lourdes se alarma. Se da la vuelta.
Parece que procede del sótano.

> VOZ
> Chsst. Aquí.

Ahora comprueba que la voz procede
del zaguán, del rellano de la
escalera que baja hasta el sótano.

Lourdes se asoma con mucha prudencia.

Allí, en el hueco de la escalera, se encuentra la Virgen, un poco agazapada por la poca altura del hueco.

> VIRGEN
> (Sonriendo, saludando con la mano)
> Hola, Lourdes.

> LOURDES
> (Siempre con la bolsa de basura en la mano)
> ¿Qué haces aquí?

> VIRGEN
> Lo siento. ¿Te importuno?

> LOURDES
> ¿Eres real?

> VIRGEN
> (Divertida)
> Según se mire... ¿Quieres que te saque la basura? Déjamela.

> LOURDES
> (Escondiendo la basura, como si fuera un tesoro)
> Dime. ¿Me estoy volviendo loca?

VIRGEN

Bueno, si fuera eso cierto,
yo no sería la más indicada
para contestarte.

LOURDES

¿Qué es esto? ¿Es real? ¿Tú
eres real? ¿Es que ha sido
todo un sueño?

VIRGEN
(Reflexiva)
Es complicado de saber. A
veces ni yo misma sé si estoy
viviendo en mi propio sueño.

LOURDES

Entonces, el viaje, la
capilla en Vicálvaro... (Con
súbita angustia)
¡Higinio!

VIRGEN

Aquí abajo todo es tan
sencillo... El tiempo fluye en
un solo sentido... sueñas y
despiertas... estás, tocas,
estornudas...

LOURDES
Me estoy mareando.

VIRGEN

Ven. Siéntate. Echa la cabeza
hacia atrás.

LOURDES

(Sentándose con la cabeza hacia atrás)

No sé si estoy viviendo una locura. ¿Por qué no has aparecido? Te estábamos esperando.

VIRGEN

¿Para qué? ¿Para elegir entre Rosario, María Jesús, o María, tu candidata?

LOURDES

Noto retintín...

VIRGEN

¿Crees que si tú me fallas, si tú me dices no, crees que no tengo una legión de candidatos felices y agradecidos, dispuestos a acompañarme gozosos para difundir el mensaje?... María es muy maja, pero ya lo has visto. O soñado. Un desastre. Escucha, Lourdes. Tienes que olvidarme. Ahora sigues soñando. O alucinando, como dicen tus amigas. Y María Jesús tiene razón. Tienes que beber menos.

LOURDES
Entonces, ¿no eres real?
¿Sigo soñando?

VIRGEN
¿Quieres saber si esto
es real? Es muy sencillo
descubrirlo, si de verdad
quieres.

LOURDES
Claro que quiero. Me estoy
volviendo loca.

VIRGEN
Verás. Es muy sencillo.
Acércate a mí.

Lourdes se acerca. Despacio, con
precaución, como si estuviera
aproximándose a un animal de
reacciones peligrosas.

VIRGEN
Más.

Lourdes ya está apenas a un metro de
la Virgen. Ella levanta la mano.

VIRGEN
Ven. Lourdes. Dame la mano.
Así sabrás si esto es real.

Con mucha precaución, casi con miedo,
Lourdes levanta la mano y la acerca
poco a poco a la mano de la Virgen.

Sus dedos ya están apenas a un palmo de los suyos.

Sigue acercándolos. Ya casi los roza.

> VIRGEN
> Espera, Lourdes. Aún estás
> a tiempo. ¿Qué ocurriría si
> acabas de extender tus dedos
> y no pudieras tocarme? Si
> pudieras saber definitivamente
> que esto que ves es real o es
> solo una imagen ilusoria. ¿De
> verdad quieres saberlo?

Lourdes se detiene. Duda.

> VIRGEN
> ¿O prefieres creer, solo
> creer, sin saberlo con
> certeza, que muy posiblemente
> la Virgen ha entrado en tu
> vida y ha querido ser amiga
> tuya?

Lourdes permanece inmóvil. Sus dedos apenas rozan los de la Virgen, pero aún mantienen entre ellos una mínima distancia.

Lourdes finalmente, poco a poco, imperceptiblemente, retira los dedos, baja la mano.

VIRGEN

¿Qué es la realidad? ¿Cuándo sois más reales, cuando vivís o cuando soñáis? Hay sueños densos, tangibles, sólidos como rocas. Y hay vidas reales pero tan insustanciales como las nubes.

LOURDES

Me sigo mareando...

VIRGEN

No. Solo estás confusa. Pero echa hacia atrás la cabeza por si acaso. Lourdes, no te preocupes, he renunciado al mensaje.

LOURDES

¿Que has renunciado?

VIRGEN

Sí. Se me han pasado las ganas. Volverán, yo soy así. De vez en cuando tengo que bajar o no soy persona. Es broma. Pero no me arrepiento de haber estado aquí porque no me voy de vacío. Me ha encantado conocerte. Adiós, Lourdes. Un placer. Y ahora, cierra los ojos, por favor.

                    LOURDES
                    Pero...

                    VIRGEN
          Ya saco yo la basura. Cierra
            los ojos y estornuda. Qué
              placer estornudar. Ah, y
            cuando entres en casa no
          olvides asomarte al balcón.
            Hace una noche preciosa.

                    LOURDES
                    Pero...

Lourdes, sin poder contenerse, cierra
los ojos y estornuda.

Cuando vuelve a abrirlos, la Virgen
ya no está. Ni la basura.

ESCENA 38
INT. PISO DE LOURDES - NOCHE

Lourdes entra en su piso después de
haber dejado la basura y a la Virgen.

Desanimada, se sienta en el sillón.
Más bien se derrumba.

Suena su móvil. Tan desanimada se
encuentra que deja que suene. No
tiene ganas de cogerlo.

Finalmente lo hace. Mira quién es.

LOURDES
(Con desánimo)
Dime, tía.

TÍA HORTENSIA
¿Me has llamado?

LOURDES
No.

TÍA HORTENSIA
Pero ibas a hacerlo.

LOURDES
Tampoco.

TÍA HORTENSIA
Eso es que me he adelantado.

LOURDES
Será.

TÍA HORTENSIA
Bueno, escucha lo que voy a
decirte. He tenido un sueño
muy raro.

LOURDES
¿Tú también?

TÍA HORTENSIA
¿Tú también?

LOURDES
Bueno, mi sueño más que raro
es gordo.

TÍA HORTENSIA
Que no es raro pero es gordo.
Qué raro.

LOURDES
Sobre todo desagradable. Un
sueño que no acaba bien.

TÍA HORTENSIA
Una pesadilla...

LOURDES
No. Tampoco. Es que no
acaba...bueno, qué me quieres
contar. ¿El sueño?

TIA HORTENSIA
Claro. Por eso ibas a
llamarme, para que te lo
contara.

LOURDES
Ah, ya, que eres vidente.
Mira, tía, ahora mismo estoy
de bajón. Muy de bajón.

TIA HORTENSIA
Ya. Bueno, escucha. Tú no
querías auxiliar a la Virgen,
pues...

LOURDES
Espera, tía. Respóndeme a
esto. Yo fui a verte para
contarte que se me aparecía
la virgen ¿verdad?

TÍA HORTENSIA
Creo que sí. Pero es que el
sueño que he tenido parece
tan real que no sé si eso
ha ocurrido o también forma
parte del sueño.

LOURDES
Alguien me dijo una vez que
hay realidades como nubes y
sueños como rocas.

TÍA HORTENSIA
Caramba, qué profundo es eso.
Demasiado para que tú lo
recuerdes.

LOURDES
Ya. Es que me lo acaban de
decir. Por eso me acuerdo.

TÍA HORTENSIA
Ya, bueno. Pues el caso es
que yo te pedí que te fueras
con la Virgen, pero tú no
me hacías caso y dejaste
que la Virgen se le acabara
apareciendo a tu amiga María.
Y resulta que yo era su
secretaria. La secretaria de
María.

LOURDES
¿Eso es lo que has soñado?

TÍA HORTENSIA

Creo que sí. Porque el sueño
era tan denso, tan real, que
a veces creo que todo eso lo
he vivido.

LOURDES

(Levantándose del sillón)
Tía, pero eso es...

TÍA HORTENSIA

Raro. Ya lo sé. Raro de
cojones. Pero sobre todo, lo
que creo es que es un sueño
premonitorio.

LOURDES

(De pronto desanimada, se
derrumba en el sillón)
No, tía. En todo caso será un
sueño postmonitorio.

TÍA HORTENSIA

Qué cosas mas raras dices,
hija. ¿Por qué postmonitorio?

LOURDES

Porque a buenas horas, mangas
verdes. Porque todo eso,
sueño o verdad, realidad o
ilusión, ya ha acabado para
siempre. La Virgen o lo que
sea, se ha despedido de mí
para siempre.

TÍA HORTENSIA

¿Para siempre? De eso
nada. Insiste, insiste.
Mira, he llamado a mi amiga
Conchita, la niña vidente de
Garabandal, que vive en Nueva
York. Bendición de wasap.
Y me dice que ella tampoco
tiene claro si aquello fue
realidad o ilusión, pero que
la llama de la llamada la
tiene siempre consigo, así
que...

LOURDES

Tía. Se ha ido. Se ha
despedido. Para siempre.
Sueño o realidad, no volveré
a verla. Y lo que es peor,
con ella se ha ido el amor de
mi vida. Lo he perdido para
siempre.

TÍA HORTENSIA

¿El amor a la Virgen? ¿Ahora?
Qué rarita eres, Lourdes...

LOURDES

No. El amor a... Tía, esta
conversación es surrealista.
Mejor hablamos mañana, porque
yo ahora estoy muy de bajón.

TÍA HORTENSIA

Lourdes, hija, qué pena me da
oírte decir eso. Yo que te
animaba a ...

LOURDES

Muy de bajón. Había
encontrado al amor de mi
vida y resulta que... tía,
mejor hablamos mañana. Estoy
cansada. Estoy muy...

TÍA HORTENSIA

Vale, no te molesto más. Lo
siento. Pero no te acuestes
así.

LOURDES

Así cómo.

TÍA HORTENSIA

Así triste, deprimida, que
se duerme fatal. Mira, ponte
música. Pon la tele. Date una
ducha.

LOURDES

Vale, tía...

TÍA HORTENSIA

Sal al balcón a que te dé
el aire. Hace una noche
preciosa. Mira, hay una luna
arábiga que parece del cuento
de las mil y una noches.

LOURDES
La luna...

Lourdes recuerda las palabras de la
Virgen:

VIRGEN
(En flashback)
No olvides asomarte al
balcón. Verás qué preciosidad
de noche.

LOURDES
Vale tía. Te hago caso.
Buenas noches.

Lourdes cuelga y se levanta. Se
dirige al balcón. Sale, se asoma. Era
cierto. Hace una noche estupenda.
Una luna menguante y rojiza apenas
difumina su pálida silueta muy cerca
del horizonte.

Mira la calle. Repara en una persona
que está plantada en la acera de
enfrente.

No puede ser.

Lourdes tiene una sensación de
irrealidad. Y una súbita palpitación.

Higinio, abajo, muy sonriente, la
saluda con la mano.

Lourdes, atónita, sonríe. Incrédula, se cubre la boca con las manos. Saluda también. Agita la mano con brío.

Lourdes sale de casa corriendo. En seguida, desde el mismo balcón donde miraba, vemos a Lourdes cruzar la calle a toda velocidad y fundirse con Higinio en un apretado abrazo.

Lourdes se aparta y le mira. Le palpa los brazos. Le toca la cara. Sonríe feliz.

                    LOURDES
              Estás aquí...

                    HIGINIO
          Sí, pero ya casi me iba. ¿No
            te acordabas que habíamos
                    quedado?

Lourdes va a responder, pero no le salen las palabras. O mejor dicho, se le agolpan las preguntas.

Finalmente,

                    LOURDES
          Claro que sí. ¿Cómo podría
                  olvidarlo?

Se funde en el abrazo.

Tras unos instantes, Lourdes,
pletórica, muy sonriente, viva imagen
de la dicha, se vuelve y mira al
cielo. Levanta las manos. Grita.

LOURDES
¡Gracias!
(Volviendo a abrazarse a
Higinio)
¡Qué noche, la Virgen!

FIN